Probudi se, Izraele

„Sunce će se pretvoriti u tamu
i mjesec u krv
prije nego dođe veliki i strašni
dan GOSPODNJI.
I svaki
koji prizove ime GOSPODNJE
spašće se;
jer će na gori Sionu i u Jerusalimu
biti spasenje,
kao što je rekao GOSPOD,
i u ostatku koji pozove GOSPOD."

(Joilo 2:31-32)

Probudi se, Izraele

Dr. Džerok Li

Probudi se, Izraele Dr. Džerok Li
Objavile Urim knjige (Predstavnik: Seongnam Vin)
361-66, Shindaebang-Dong, Dongjak-Gu, Koreja
www.urimbooks.com

Sva prava su zadržana. Ova knjiga ili njeni pojedini dijelovi ne smiju biti reprodukovani u bilo kojoj formi, ili biti smješteni u bilo kom renta sistemu, ili biti transmitovana bilo kojim načinom, elektronski, mehanički, fotokopiranjem, snimanjem, ili slično, bez prethodnog pismenog ovlašćenja izdavača.

Autorska prava © 2020 od strane dr. Džeroka Lija
ISBN: 979-11-263-0600-8 03230
Prevodilačka Autorska Prava © 2008, dr. Ester K. Čung (Dr. Esther K. Chung). Korišćeno uz dozvolu.

Prethodno objavila na korejskom jeziku Urim knjige u 2007.g.

Prvo izdanje, februar 2020.g.

Uredio dr. Geumsun Vin
Dizajnirao urednički biro Urim Books
Štampa Yewon Printing Company
Za više informacija molimo kontaktirajte na urimbook@hotmail.com

Uvod

S početkom 20. vijeka, veliki niz događaja je zauzeo mjesto u opustošenoj Palestini u kojoj niko nije imao želju da živi u to vrijeme. Jevreji koji su bili rasuti širom istočne Evrope, Rusije i ostatka svijeta počeli su masovno da odlaze u zemlje pune korova, siromaštva, gladi, bolesti i mučeništva.

Uprkos visokoj stopi smrtnosti zbog malarije i gladi, Jevreji nisu pali u iskušenje da izgube visoki stepen vjere i ambicije već su počeli da grade kibuce (mjesta za rad u Izraelu, na primjer farme ili fabrike, gdje su radnici živjeli zajedno i dijelili sve poslove i zarade). Baš kao što je Teodor Hercl (Theodor Herzl), osnivač modernog cionizma navodio: „Ako to želite, to nije onda san," obnavljanje Izraela postala je stvarnost.

Doduše, obnavljanje Izraela se činilo nemogućim snom da bi bio postignut i niko nije bio voljan da vjeruje u to. Jevreji su ipak, ispunili ovaj san i sa stvaranjem države Izrael oni su čudesno po prvi put povratili svoju sopstvenu naciju u otprilike 1900 godina.

Ljudi Izraela, uprkos vijekovima dugim proganjanjima i mučenjima dok su bili rasuti u zemljama koje nisu bile njihove, održavali su čvrsto svoju vjeru, kulturu i jezik i konstantno su napredovali u tome. Nakon osnivanja moderne države Izraela, oni su kultivisali neplodna zemljišta i stavljali su akcenat na razvoj različitih industrija koje su dozvoljavale njihovoj naciji da se pridruže mnogim redovima u razvijenim zemljama i prepoznatljivi su ljudi koji su izdržali i napredovali uprkos izazovima i pretnjama ka njihovom ostanku kao naciji.

Nakon otvaranja Manmin centralne crkve 1982.god., Bog mi je pokazao kroz inspiraciju Svetog Duha mnogo o Izraelu jer nezavisnost Izraela je znak u poslednjim danima i ispunjenje proročanstva u Bibliji.

Čujte, narodi, riječ GOSPODNJU, i javljajte po dalekim ostrvima i recite: „Koji raseja Izrailja, skupiće ga, i čuvaće ga kao pastir stado svoje" (Jeremija 31:10).

Bog je izabrao ljude Izraela kako bi otkrio Njegovo proviđenje sa kojim je On stvarao i kultivisao čovjeka. Najprije, Bog je stvorio Avrama „oca vjere," on je ustanovio Jakova, unuka Avramovog, kao pronalazača Izraela i Bog je objavio Njegovu volju Jakovljevim nasljednicima i ispunio je proviđenje u kultivaciji čovječanstva.

Kada je Izrael vjerovao u Božju riječ i kada je poslušno hodao u skladu sa Njegovom voljom, uživao je u velikoj slavi i poštovanju nad svim nacijama. Međutim, kada se sam udaljio od Boga i nije Njemu bio pokoran, Izrael je bio predmet različitih mučenja, uključujući strane invazije i da je njegov narod bio prisiljen da živi u svim krajevima svijeta.

Čak i kada se Izrael suočio sa poteškoćama zbog sopstvenih grijehova, ipak, Bog se nije čak ni odrekao niti ih je zaboravio. Izrael je uvijek bio vezan za Boga zbog Njegovih zavjeta sa Avramom i Bog nikada nije prestajao da radi za njih.

Pod Božjom nevjerovatnom brigom i vođstvom, Izrael kao narod je uvijek bio čuvan, dostigao je nezavisnost i ponovo je bila nacija nad svim nacijama. Kako se narod Izraela očuvao i zašto je Izrael obnovljen?

Mnogi ljudi govore: „Opstanak jevrejskog naroda je čudo."

Kao vrsta i obim progona i ugnjetavanja jevrejskog naroda koji je izdržao za vrijeme Dijaspore i premašio bilo kakav opis ili zamisao, istorija Izraela sama potvrđuje istinitost Biblije.

Ipak, čak i veći stepen stresa i bola od onog sa kojima su se Jevreji suočili će se desiti nakon Drugog dolaska Isusa Hrista. Naravno, ljudi koji su prihvatili Isusa kao njihovog Spasitelja biće uzdignuti gore u vazduhu i prIsustvovaće Svadbenom banketu sa Gospodom. Oni koji nisu prihvatili Isusa kao njihovog Spasitelja, međutim, neće biti uzdignuti u vazduhu za vrijeme Njegovog povratka i patiće u Velikom stradanju sedam godina.

> *„Jer, gle, ide dan, koji gori kao peć, i svi će ponositi i svi koji rade bezbožno biti strnjika, i upaliće ih dan koji ide, veli GOSPOD nad vojskama, i neće im ostaviti ni korena ni grane"* (Malahija 4:1).

Bog mi je već otkrio do detalja nesreće koje će se otkriti za vrijeme Sedmogodišnjeg velikog stradanja. Iz tog razloga, moja je iskrena želja za ljude Izraela koje je Bog odabrao da prihvate, bez daljeg odlaganja Isusa, koji je hodao na zemlji prije nekih dvije hiljada godina, kao njihovog Spasitelja kako niko od njih nebi ostao pozadi da pati u Velikom stradanju.

Uz milost Božju, ja sam napisao djelo koje daje odgovore Jevrejima milenijumima dugo žednima za Mesijom i godinama dugačkim pitanjima koja stalno rastu.

Neka svaki čitalac ove knjige uzme k srcu Božje očajničke poruke ljubavi i dođe da sretne bez ikakvog odlaganja Mesiju koga je Bog poslao za cijelo čovječanstvo!

Ja volim svakog od vas ponaosob svim svojim srcem.

Novembar 2007.god.
U Getsenam (Gethsemane) molitvenoj kući
Džerok Li

Predgovor

Ja dajem svu zahvalnost i slavu Bogu koji nas je vodio i nas blagoslovio da objavimo *Probudi se, Izraele!* u poslednjim danima. Ovo djelo je objavljeno u skladu sa voljom Božjom koji teži da probudi i spasi Izrael, i organizovano je sa nemjerljivom ljubavi Božjom koji ne želi da izgubi ni jednu poslednju dušu.

Poglavlje 1 „Izrael: Božji odabir," istražuje razloge za Božje stvaranje i kultivaciju cijelog čovječanstva na zemlji i Njegovo proviđenje sa kojim je On birao i vladao nad ljudima Izraela i Njegov odabir u istoriji čovječanstva. Poglavlje takođe predstavlja Izraelske velike pra očeve a takođe i našeg Gospoda, koji je došao na ovaj svijet u skladu sa proroštvom koje je predskazalo dolazak Spasitelja svih ljudi od kuće Davidove.

Ispitivanjem Biblijskog proročanstva o Mesiji, Poglavlje 2: „Mesija poslat od Boga," svjedoči o Isusu koji je Mesija čiji dolazak Izraelci nestrpljivo čekaju i kako, u skladu sa zakonom o otkupljivanju zemljišta, On zadovoljava sve kvalifikacije kao Spasitelj čovječanstva. Šta više, drugo Poglavlje istražuje kako su proročanstva Starog Zavjeta o Mesiji ispunjena kroz Isusa i odnos između istorije Izraela i Isusove smrti.

Treće Poglavlje: „Bog u koga Izraelci vjeruju," ima bliži pogled na ljude Izraela koji se strogo povinuju zakonima i njegovoj tradiciji, i objašnjava im sa čime je Bog zadovoljan. U nastavku, podsjećajući ih da su sebe udaljili od volje Božje zbog tradicije koju su uzrokovale starješine, Poglavlje ih opominje da zamisle iskrenu volju Božju zato što im daje zakon na prvom mjestu i da ispunjavaju zakon sa ljubavlju.

Ispitivanje u poslednjem Poglavlju: „Gledaj i slušaj!" je naše vrijeme, koje je Biblija prorokovala kao „kraj vremena," takođe i pojavljivanje antihrista i pregled na Sedmogodišnje veliko stradanje. Šta više, svjedočeći na dvije tajne Božje, koje su bile pripremljene u Njegovoj beskrajnoj ljubavi zbog Njegovog odabira kako bi ljudi Izraela mogli dostići spasenje u poslednjim momentima kultivacije čovječanstva, poslednje Poglavlje preklinje ljude Izraela da ne ispuste poslednju priliku u spasenju.

Kada je prvi čovjek Adam počinio grijeh u nepokornosti i bio izbačen iz Edenskog Vrta, Bog mu je dao da živi na zemlji Izraela. Od tog vremena, kroz istoriju kultivacije čovječanstva, Bog je čekao za milenijumom i dalje čeka u nadi da će okupiti iskrenu djecu.

    Nema više vremena za gubljenje ili trošenje. Da svako od vas razumije da je naše vrijeme poslednji dani i da se pripremi da prihvati Gospoda koji će se vratiti kao kralj kraljeva i Gospod gospoda, u Njegovo iskreno ime ja se molim.

Novembar 2007.god.
Geum-sun Vin,
urednik

Sadržaj

Uvod
Predgovor

Poglavlje 1
Izrael: Božji odabir

Početak kultivacije čovječanstva _ 3
Veliki preci _ 17
Ljudi koji svjedoče o Isusu Hristu _ 35

Poglavlje 2
Mesija poslat od Boga

Bog obećava Mesiji _ 53
Kvalifikacije Mesije _ 59
Isus ispunjava proročanstvo _ 74
Smrt Isusa i proročanstva o Izraelu _ 82

Poglavlje 3
Bog u koga Izraelci vjeruju

>Zakon i tradicija _ 91
>Božja iskrena namjera u davanju Zakona _ 101

Poglavlje 4
Gledaj i slušaj!

>Pred kraj svjetskog vremena _ 121
>Deset prstiju _ 137
>Neiscrpna ljubav Božja _ 148

"Davidova zvezda," simbol jevrejske zajednice, na zastavi Izraela

Poglavlje 1
Izrael: Božji odabir

Početak kultivacije čovječanstva

Mojsije, Izraelski veliki vođa koji je oslobodio svoj narod od ropstva u Egiptu i poveo ih u obećanu zemlju Kana i služio Bogu kao njegov izaslanik, počeo je Njegovu riječ u Knjizi Postanka kao što slijedi:

U početku stvori Bog nebo i zemlju (1:1).

Bog je stvorio nebo i zemlju i sve u njoj u šest dana, i odmorio se u njoj i blagoslovio je i ispunio sedmi dan. Zašto je onda Bog stvorio i svemir i sve u njemu? Zašto je On stvorio čovjeka i dozvolio da mnogi ljudi posle Adama žive na zemlji?

Bog je vidio one sa kojima zauvijek može da razmjenjuje ljubav

Prije stvaranja neba i zemlje, Svemogući Bog je postojao u beskonačnom univerzumu kao svjetlost u kome je bio ugrađen zvuk. Nakon dugog vremena samoće, Bog je želio da ima one sa kojima On može da razmjeni beskonačnu ljubav.

Bog posjeduje ne samo božansku prirodu koja Ga definiše kao Stvoritelja već također i ljudsku prirodu sa kojom je On osjetio radost, ljutnju, tugu i zadovoljstvo. Tako da je On želio da daje i da prima ljubav sa drugima. U Bibliji postoji mnogo ukazivanja koja pokazuju božje posjedovanje ljudske prirode. On je bio zadovoljan i oduševljen sa pravednim djelima Izraelaca (Knjiga Ponovljenih Zakona 10:15; Poslovice 16:7), ali i tugovao je i bio ljut na njih kada su zgriješili (Izlazak 32:10; Brojevi 11:1, 32:13).

Postoje trenuci kada svaki pojedinac želi da bude sam ali on će postati mnogo radosniji i sretniji ako ima prijatelja sa kojim može da podjeli svoje srce. Kako Bog posjeduje ljudsku prirodu, On želi da ima one sa kojima može da dijeli Njegovu ljubav, čije srce On može da razumije i obrnuto.

„Zar to ne bi bilo radosno i dirljivo imati djecu koja mogu da pojme Moje srce i sa kojima ja mogu da dajem i dobijam ljubav u ovom ogromnom a ipak dubokom carstvu?"

U vremenu Njegovog odabira, međutim, Bog je pronašao plan da okupi iskrenu djecu koja će ići za Njim. U tom cilju, Bog je stvorio ne samo duhovno kraljevstvo već takođe i fizičko kraljevstvo u kojem čovječanstvo treba da živi.

Neki će možda razmatrati: „Postoje mnogo nebeske vojske i anđela na nebu koji su ništa više nego pokorni. Zašto je Bog prolazio kroz problem stvaranja čovjeka?" Izuzev nekoliko anđela, međutim, većina nebeskih bića ne posjeduje ljudsku prirodu koji je najznačajniji elemenat koji je potreban u davanju i primanju ljubavi: slobodna volja sa kojom sami biraju. Takva nebeska bića su poput robota; oni se pokoravaju kao što im je zapovedano, ali bez osjećaja radosti, ljutnje, tuge ili zadovoljstva, oni nisu u mogućnosti da daju i dobiju ljubav koja proizilazi iz dubine njihovog srca.

Pretpostavimo da postoje dva djeteta i jedno od njih, bez da je ikada Izrazilo svoje emocije, mišljenje ili ljubav, je pokorno i radi dobro ono što mu se kaže. Drugo dijete, čak iako je razočaralo roditelje s vremena na vrijeme svojevoljno, brzo se pokaje u svojim pogrešnim djelima, čvrsto se u ljubavi drži svojih roditelja i Izražava svoje srce na različite načine.

Od ovo dvoje, koje vam je draže? Vi ćete najvjerovatnije izabrati ovo drugo. Čak iako imate robota koji radi sve stvari za vas, ni jedno od vas neće izabrati robota za sopstveno dijete. Na isti način, Bog se radije opredeljuje za čovjeka koji će se rado povinovati Njemu sa njegovim razlozima i osjećanjima, nego za nebesku vojsku i anđele koji su kao roboti.

Božje proviđenje da okupi iskrenu djecu

Nakon stvaranja prvog čovjeka Adama, Bog je nastavio da stvara Edemski Vrt i dozvolio mu da vlada u njemu. Sve je bilo rodno u Edemskom Vrtu i Adam je vladao nad svim stvarima sa slobodnom voljom i vlašću koju mu je Bog dao. Međutim, postojala je jedna stvar koju je Bog zabranio.

Jedi slobodno sa svakog drveta u vrtu; Ali s drveta od znanja dobra i zla, s njega ne jedi; jer u koji dan okusiš s njega, umrećeš (Postanak 2:16-17).

Ovo je bio sistem koji je Bog učvrstio između Boga Stvoritelja i stvorenog čovječanstva i On je želio da se Adam Njemu pokori sa slobodnom voljom i iz dubine njegovog srca. Nakon što je mnogo vremena prošlo, međutim, Adam nije uspio da održi Božju riječ i počinio je grijeh nepokornosti tako što je jeo sa drveta spoznaje dobra i zla.

U Postanku 3 je scena u kojoj zmija otrovnica, koju je pobunio Sotona, pita Evu: „Je li istina da je Bog kazao da ne jedete sa svakog drveta u vrtu?" (stih 1) Eva odgovara: „Kazao je Bog: Ne jedite i ne dirajte u nj, da ne umrete" (stih 2).

Bog je jasno rekao Evi: „Jer u koji dan okusiš s njega, umrećeš" ali ona je promijenila Božju zapovjest i rekla: „Ti ćeš umreti."

Kada su shvatili da Eva nije uzela Božje zapovjesti u srcu, zmija otrovnica je postala još više agresivnija u svojim namjerama. „Nećete vi umreti!" rekla je Evi. I dodala je: „Nego zna Bog da će vam se u onaj dan kad okusite s njega otvoriti oči, pa ćete postati kao Bog i znati šta je dobro šta li zlo" (stih 5).

Kada je Sotona pohlepno udahnula kroz ženine misli, drvo spoznaje dobra i zla počelo je drugačije da izgleda u njenim očima. Drvo je izgledalo dobro za jelo i primamljivo za gledanje i drvo je bilo poželjno za nju da postane mudrija. Eva je pojela njene plodove i dala je malo njenom mužu, koji je takođe jeo.

Ovako su Adam i Eva počinili grijeh u nepokoravanju Božjoj riječi i zasigurno su se suočili sa smrću (Postanak 2:17).

Ovdje „smrt" se ne odnosi samo na tjelesnu smrt u kome disanje prestaje u ljudskom tijelu već na duhovnu smrt. Nakon što je jeo sa drveta spoznaje dobra i zla, Adam je izrodio djecu i umro je u godini 930 (Postanak 5:2-5). Iz samo ovoga mi znamo da se smrt ne odnosi na fizičku smrt.

Čovjek je prvobitno stvoren kao spoj duha, duše i tijela. On posjeduje duh kroz koji on može da komunicira sa Bogom; dušu koja je bila pod kontrolom duha; i tijelo koje je služilo kao oklop za oba i duh i dušu. Zbog odbacivanja Božje komande i počinjenog grijeha, duh je umro i njegova komunikacija sa Bogom bila je prekinuta a ovo je „smrt" o kojoj je Bog govorio u Postanku 2:17.

Nakon njihovog grijeha, Adam i Eva su bili izbačeni iz prelijepog i plodnog Edenskog vrta. Tako je počelo mučenje za cijelo čovječanstvo. S mukama ćeš djecu rađati, i volja će tvoja stajati pod vlašću muža tvog, zemlja da je prokleta s tebe, s mukom ćeš se od nje hraniti do svog vijeka (Postanak 3:16-17).

U ovom Postanku 3:23 nam se govori: *„Zbog toga ga GOSPOD Bog izagna iz vrta Edemskog da radi zemlju, od koje bi uzet."* Ovdje „kultivisanje tla" se ne odnosi samo na ljudski rad da bi jeo od zemlje već na činjenicu da je on – formiran od prašine sa zemlje – takođe je bilo i da „kultiviše i svoje srce" dok živi na zemlji.

Kultivisanje čovječanstva počinje Adamovim grijehom

Adam je bio stvoren kao ljudsko biće i nije imao zlo u njegovom srcu, tako da nije morao da kultiviše njegovo srce. Nakon njegovog grijeha, međutim, Adamovo srce bilo je ukaljano i onda je morao da kultiviše njegovo srce u čisto srce kao što je bilo ranije prije grijehova.

Prema tome, Adam je morao da kultiviše njegovo srce koje je postalo potpkupljeno neistinom i grijehovima u čisto srce i da napreduje kao Božje dijete nakon što je griješio. Kada Biblija govori: „Bog ga je izbacio iz Edemskog vrta, da bi kultivisao zemlju sa koje je bio uzet," to znači ovo i odnosi se na nas kao: „Božja kultivacija čovječanstva."

Obično, „kultivacija" se odnosi na proceduru u kojoj seljak sije sjeme, vodi računa o svojim usjevima i bere plodove. Da bi „kultivisali" čovječanstvo na zemlji i da bi brali plodove to znači „iskrena Božja djeca," Bog je posijao prvo sjeme, Adama i Evu. Kroz Adama i Evu koji se nisu povinovali Bogu, brojna djeca su rođena i kroz Božju kultivaciju čovječanstva, brojna djeca su se rodila opet kao Božja djeca kultivisanjem njihovih srca i sa povratkom izgubljenog lika Božjeg.

Prema tome, „Božja kultivacija čovječanstva" se odnosi na cjelokupni proces u kome je Bog zadužen i vlada kroz istoriju čovječanstva, od njihovog stvaranja do Suda, kako bi okupio Njegovu iskrenu djecu.

Baš kao što seljak prevazilazi poplave, sušu, mrazeve, grad i štetočine, Bog kontroliše sve da bi okupio iskrenu djecu koja ce se uzdići poslije iskušene smrti, bolesti, opraštanja i drugih tipova patnje za vrijeme njihovih života na zemlji.

Razlog zašto je Bog postavio drvo spoznaje dobra i zla u Edemskom Vrtu

Neki ljudi pitaju: „Zašto je Bog stavio Drvo spoznaje dobra i zla kroz koje je čovjek zgriješio i bivao odveden do uništenja?" Razlog zbog koga je Bog postavio Drvo spoznaje dobra i zla, međutim, je zbog Božjeg predivnog proviđenja sa kojim će On povesti mnogo ljudi da bi bili svjesni „relativnosti."

Mnogi ljudi pretpostavljaju da su Adam i Eva bili ništa drugo osim srećni što su živjeli u Edemskom vrtu gde nije bilo suza, pohlepe, bolesti ili mučenja u Vrtu. Ali Adam i Eva nisu znali za iskrenu sreću i ljubav zato što nisu imali predstavu o relativnosti u Edemskom vrtu.

Na primker, kako bi dvoje dkece reagovalo da su dobili istu igračku ako je jedno dijete rođeno i odgajano u porodici bogatih roditelja a drugo u porodici koja je u nevolji? Drugo dijete će biti mnogo zahvalnije i srećnije iz dubine njegovog srca nego dijete koje živi sa bogatom pozadinom.

Ako vi razumijete iskrenu vrijednost nečega, vi ćete znati i iskusićete potpunu suprotnost toga. Samo ako ste patili od bolesti, vi ćete moći da budete zahvalni na iskrenoj vrijednosti dobrog zdravlja. Samo kada ste svjesni smrti i pakla, vi ćete moći da poštujete vrijednost vječnog života i zahvaljivaćete Bogu ljubavi iz vašeg srca što vam je dao vječno nebo.

U plodnom Edemskom vrtu, prvi čovjek Adam je uživao u svemu što mu je Bog dao, čak i vlast da vlada nad svaki drugim bićem. Međutim, kako to nisu bili plodovi od njegove muke i znoja, Adam nije mogao da cijeni njihovu važnost ili da cijeni Boga zbog toga. Samo nakon što je Adam bio izbačen na ovu zemlju i kada je osetio suze, tugu, bolesti, mučenje, siromaštvo i smrt on je počeo da razumije razliku između radosti i pohlepe i koliko je vrijedna sloboda i napredak koju mu je Bog dao u Edemskom vrtu.

Koje dobro će nam vječni život donijeti ako mi ne spoznamo radost ili tugu? Čak iako se suočimo sa poteškoćama neko kratko vrijeme, ako mi kasnije možemo da razumijemo i kažemo: „Ovo je radost!" naši životi će postati vrijedni truda i blagosloveni.

Zar ne postoje roditelji koji neće poslati svoju djecu u školu već će im dozvoliti da ostanu kod kuće jednostavno zato što znaju da je učenje teško? Ako roditelji iskreno vole svoju djecu, oni će poslati svoju djecu u školu i vodiće ih da uče revnosno u teškim uslovima i da iskuse različite stvari kako bi izgradili bolju budućnost.

Srce Boga, koji je stvorio čovječanstvo i koji ih je kultivisao, je potpuno isto. Iz tog razloga, Bog je smjestio drvo spoznaje dobra i zla, nije spriječio Adama da jede sa drveta u njegovoj slobodnoj volji, i dozvolio mu je da iskusi radost, ljutnju, tugu i zadovoljstvo za vijreme toka kultivacije čovječanstva. To je zato što čovjek može da voli i da služi Bogu, koji je Sam ljubav i istina, iz dubine njegovog srca nakon što je iskusio relativnost i i napredovao u iskrenoj ljubavi, radosti i zahvalnosti.

Kroz proces ljudske kultivacije, Bog je želio da okupi iskrenu djecu koja mogu da spoznaju Njegovo srce i preduzmu nešto povodom toga i da žive sa njima na nebu dijeleći iskrenu ljubav zauvijek sa njima.

Kultivisanje čovječanstva počinje u Izraelu

Kada je prvi čovjek Adam bio izbačen iz Edemskog vrta nakon što se nije pokorio Božjoj riječi, njemu nije bilo dato pravo da bira zemlju gdje će se smjestiti već je umjesto toga Bog odabrao oblast za njega. Ta oblast bila je Izrael.

U ovome je bila učvršćena Božja volja i proviđenje. Nakon sakrivenih velikih planova o kultivaciji čovječanstva, Bog je odabrao ljude Izraela kao model za kultivaciju čovječanstva. Iz tog razloga Bog je izričito dozvolio Adamu da živi novim životom u zemlji u kojoj će se nacija Izraela izgraditi.

Kako je vrijeme prolazilo, brojne nacije poticale su od Adamovog pokoljenja i nacija Izraela bila je izgrađena u vremenu Jakoba, Avramovog potomka. Bog je želio da oživi Njegovu slavu i Njegovo proviđenje u kultivaciji čovječanstva kroz istoriju Izraela. To nije bilo samo za Izraelce već za ljude širom cijelog svijeta. Dakle, istorija Izraela za koju je Bog bio zadužen nije samo istorija ljudi već predivna poruka za cijelo čovječanstvo.

Zašto je onda Bog izabrao Izrael kao model za kultivaciju čovječanstva? To je bilo zbog njihovog glavnog karaktera, drugim riječima, njihovog odličnog unutrašnjeg bića.

Izrael je potomak „oca vjere" Avrama kojim je Bog bio zadovoljan i takođe potomak Jakova koji je toliko bio uporan da je težio sa Bogom i preovladavao. Zbog ovoga, čak i nakon što su izgubili svoju rodnu zemlju i vijekovima živjeli životom prosjaka, ljudi Izraela nisu izgubili svoj identitet.

Iznad svega, ljudi Izraela su čuvali hiljadama godina, Božju riječ koja je bila prorokovana kroz čovjeka i živjeli su po njoj. Naravno, postojalo je vrijeme u kome je cijela nacija udaljila sebe od Božje riječi i griješila protiv Njega ali na kraju njeni ljudi su se pokajali i vratili su se Bogu. Oni nikada nisu izgubili svoju vjeru u njihovog GOSPODA Boga.

Obnova nezavisnog Izraela u 20. vijeku jasno pokazuje vrstu srca njenih ljudi koje su imali Jakovljevi potomci.

Jezekilj 38:8 nam govori: „*Poslije mnogo dana bićeš pozvan, i u poslednjim godinama doći ćeš u zemlju koja je izbavljena od mača i čiji stanovnici bijahu sabrani iz mnogih naroda, u planine Izraelske, koje bijehu jednako puste, a oni će izvedeni iz naroda svi živjeti bez straha.*" Ovde „kasnije godine" se odnose na kraj vremena kada kultivacija čovječanstva dolazi do svog kraja a „planine Izraela" označavaju grad Jerusalim, koji se nalazi na 760 m (2494 fita) iznad nivoa mora.

Zbog toga, kada prorok Jezekilj govori da će: „stanovnici

bijahu sabrani iz mnogih naroda, u planine Izraelske" to znači da će se Izraelci okupiti širom svijeta i obnoviće državu Izrael. Prema ovoj riječi Božjoj, Izrael, koji je bio uništen od strane Rimljana 70. godine Ljeta Gospodnjeg, proglasio je svoju državnost 14. maja 1948. Zemlja je bila ništa više od „neprestanog gubljenja" ali danas, Izrael gradi jaku naciju koju niko ne može tek tako da nadzire ili izazove.

Namjera zašto je Bog izabrao Izraelce

Zašto je Bog počeo kultivaciju čovječanstva u zemlji Izrael? Zašto je Bog izabrao ljude Izraela i vladao istorijom Izraela?

Prvo, Bog je želio da proglasi svim nacijama kroz istoriju Izraela da je On Stvoritelj neba i zemlje, da je On sam pravi Bog i da je On živ. Kroz studije istorije Izraela, čak su i nejevreji lako mogli da osjete prIsustvo Boga, da razumiju Njegovo proviđenje da vlada u istoriji čovječanstva.

> *I vidjeće svi narodi na zemlji da se ime Gospodnje priziva na tebe, i bojaće se tebe* (Ponovljeni Zakon 28:10).

> *Blago tebi narode Izrailju! Ko je kao ti, narod kog je sačuvao GOSPOD, štit pomoći tvoje, i mač slave tvoje! Neprijatelji će se tvoji poniziti, a ti ćeš gaziti visine njihove* (Ponovljeni Zakon 33:29).

Božjim odabirom, Izrael je uživao u velikoj privilegiji mi lako možemo da naiđemo na nju u istoriji Izraela.

Na primjer, kada je Rahava primila dva čovjeka, Isus je poslao da uhode zemlju Kana, ona im je rekla: *„Jer čusmo kako je Gospod osušio pred vama Crveno more kad izađoste iz Misira, i šta ste učinili od dva cara amorejska koji bijahu preko Jordana, od Siona i Oga, koje pobiste. I kad to čusmo, rastopi se srce naše, i ni u kome već nema junaštva od straha od vas, jer je Gospod, Bog vaš, Bog gore na nebu i dole na zemlji"* (Isus Navin 2:9-11).

Za vrijeme Izraelskog zatočeništva u Vavilonu, Danijel je hodao sa Bogom i Navuhodonosarski car Vavilona osjetio je Boga sa kojim je Danijel hodao. Nakon što je car iskusio Boga on je mogao samo da: *„hvalim, uzvišujem i slavim Cara nebeskog, čija su sva djela istina i čiji su putevi pravedni i koji može oboriti one koji hode ponosito"* (Danijel 4:37).

Ista stvar se dogodila i kada je Izrael bio pod vladavinom Persije. Nakon što je vidjela živog Boga kako radi i odgovara na molitve kraljice Jestire: *„mnogi iz naroda zemaljskih postajahu Judejci, jer ih popade strah od Jevreja"* (Jestira 8:17).

Prema tome, kada su čak i nejevreji iskusili živog Boga koji je činio za Izraelce, oni su počeli da se plaše i da služe Bogu. A čak iako kao potomci dolazimo do saznanja o veličanstvenom Bogu mi služimo Njemu zbog ovakvih događaja i slučajeva.

Drugo, Bog je odabrao Izraelce i vodio je ljude zato što je On želio da cijelo čovječanstvo razumije kroz istoriju Izrael i razlog zašto je stvorio ljude i zašto ih je kultivisao.

Bog je kultivisao čovječanstvo zato što On teži da okupi iskrenu djecu. Iskreno Božje dijete je ono koje ide za Bogom koji je dobrota i ljubav u suštini i koji je pravednost i svetinja. To je zato što takva djeca Božja vole Njega i žive po Njegovoj volji.

Kada je Izrael živio po Njegovim zapovjestima i služio Njemu, On je postavio Izraelce nad svim ljudima i nacijama. Suprotno tome, kada su ljudi Izraela služili idolima i brzo su zaboravili Božje zapovjesti, oni su bili predmet svih vrsta mučenja i takve nesreće kao što je rat, prirodne bolesti ili čak zarobljeništvo.

Kroz svaki korak procesa, Izraelci su naučili da pokore sebe ispred Boga i svaki put kada su sebe pokorili, Bog ih je obnavljao sa neiscrpnom milosti i ljubavi i priveo ih je u zagrljaj Njegove slave.

Kada je kralj Solomon volio Boga i održavao Njegove zapovjesti, on je uživao u velikoj slavi i raskoši ali kada je kralj počeo da udaljava sebe od Boga i služi idolima, slava i raskoš su počele da nestaju. Kada su kraljevi Izraela kao što su David, Josafat i Jezekija hodali po zakonu Božjem, zemlja je bila moćna i uspješna, ali bila je slaba i predmet stranim invazijama za vrijeme vladavine kraljeva koji su se klonili Božjih puteva.

Istorija Izraela jasno otkriva Božju volju na ovaj način i služi kao ogledalo koje reflektuje Božju volju svim ljudima i nacijama. Njegova volja objavljuje da kada su ljudi oblikovani u Božjem liku i sličnosti održavaju Njegove zapovjesti i postaju posvećeni u skladu sa Njegovom riječi, oni će dobiti Božje blagoslove i živjeće u Njegovoj koristi.

Izrael je bio izabran da otkrije Božje proviđenje među nacijama i ljudima i dobio je ogromne blagoslove kroz njegovo služenje Njemu kao nacija svještenika u zaduživanju Božjih riječi. Čak i kada je njen narod griješio, Bog je opraštao njihove grijehove i obnovio ih je sve dok se nisu pokajali sa pokornim srcem, baš kao što je On obećao njihovim velikim precima.

Iznad svega, najveći blagoslov koji je Bog obećao i izdvojio sa strane Njegove izabranike je divno obećanje slave da će Mesija doći među njih.

Veliki preci

Tokom duge istorije čovječanstva, Bog je zaštitio Izrael u Njegovim krilima i poslao je Božjeg čovjeka u suđeno vrijeme kako ime Izrael ne bi nestalo. Ljudi Božji su bili oni koji su bili ispred kao prikladni plodovi u skladu sa proviđenjem Božje kultivacije čovječanstva i koji poštuju riječ Božju sa ljubavi prema Njemu. Bog je postavio temelj nacije Izraela kroz velike pretke Izraela.

Avram, otac vjere

Avram je bio označen kao otac vjere sa njegovom vjerom i pokornosti i trebao je da izvede veliku naciju. On je bio rođen nekih četiri hiljada godina ranije u Uru Heldejskom i nakon što je bio pozvan od Boga on je pridobio Božju ljubav i priznanje do mjere da je bio nazvan Božjim „prijateljem."

Bog je pozvao Avrama i dao mu je sljedeće obećanje:

> *Idi iz zemlje svoje i od roda svog i iz doma oca svog u zemlju koju ću ti ja pokazati; I učiniću od tebe velik narod, i blagosloviću te, i ime tvoje proslaviću, i ti ćeš biti blagoslov* (Postanak 12:1-2).

U to vrijeme, Avram više mije bio mlad čovjek, nije imao nasljednike i nije imao ideju gdje će da ide; prema tome, to nisu bile male stvari da bi se povinovao. Čak iako on nije znao gdje je krenuo, Avram je išao samo naprijed zato što je vjerovao samo i u potpunosti riječi Boga koji nikada nije prekršio Njegova obećanja. Prema tome, Avram je hodao sa vjerom u svemu što je radio i za vrijeme putovanja u njegovom životu on je dobio sve blagoslove koje mu je Bog obećao.

Avram nije samo pokazivao Bogu samo savršenu pokornost i djela u vjeri već je uvijek težio ka dobroti i miru sa ljudima u njegovoj okolini.

Na primjer, kada je Avram napustio Haran u skladu sa Božjom zapovjesti, njegov nećak Lok je pošao sa njim. Kada je njihova imovina postala velika, Avram i Lot nisu više mogli da budu zajedno na istoj zemlji. Nedostatak pašnjaka i vode dovelo je do *„sukoba između pastira Avramove stoke i pastira Lotove stoke"* (Postanak 13:7). Čak iako je Avram bio mnogo stariji, on nije tražio ili insistirao u svoju korist. On je dopustio svom nećaku Lotu da bira bolju zemlju. On je rekao Lotu u Postanku 13:9: *„Nije li ti otvorena cijela zemlja? Odijeli se od mene. Ako ćeš ti na lijevo, ja ću na desno; ako li ćeš ti na desno ja ću na lijevo."*

I zaton što je Avram bio čistog srca, on nije uzeo ni konac ni remen od obuće ni ništa drugo što je tuđe" (Postanak 14:23). Kada mu je Bog rekao da će Sodoma i Gomora nakvašene grijehom biti uništene, Avram, čovjek duhovne ljubavi, izjašnjavao se Bogu i dobio je Njegovu riječ da neće uništiti Sodomu ako tamo deset pravednih ljudi postoji u gradu.

Dobrota i vjera Avrama je bila tako savršena do mjere u njegovom pokoravanju Božjoj zapovjesti koja je sada tražila od njega da život njegovog jedinog rođenog sina da kao žrtvu paljenicu.

U Postanku 22:2, Bog je zapovijedio Avramu: „*Uzmi sada sina svog, jedinca svog milog, Isaka, pa idi u zemlju Moriju, i spali ga na žrtvu tamo na brdu gdje ću ti kazati.*"

Isak je bio sin rođen Avramu kada je Avram imao sto godina. Prije nego što je Isak rođen, Bog je već rekao Avramu da će onaj koji će doći za njim iz njegovog sopstvenog tijela biti njegov nasljednik i da će broj njegovih nasljednika biti jednaki broju zvijezda. Da je Avram pratio tjelesne misli, on ne bi mogao da bude u mogućnosti da se pokori Božjim zapovjestima i da podari Isaka kao žrtvu. Ipak, Avram se odmah pokorio bez da je tražio bilo kakve razloge.

Momenat u kome je Avram pružio ruku da ubije Isaka nakon što je napravio oltar, anđeo Božji ga je pozvao i rekao mu: „*Avrame! Avrame! Ne diži ruku svoju na dijete, i ne čini mu ništa; jer sada poznah da se bojiš Boga, kad nisi požalio sina svog, jedinca svog, Mene radi*" (Postanak 22:11-12). Koliko je ova scena bila samo blagoslovena i dirljiva?

Kako se on nije oslanjao na njegove tjelesne misli, nije postojalo konflikta ili uznemirenosti u Avramovom srcu i on je mogao samo da se povinuje Božjim komandama u vjeri. On je stavio svoje potpuno povjerenje u predanosti Boga je koji zasigurno ispunjavao sve što je On obećao, svemogućem Bogu koji oživljava mrtve i Božjoj ljubavi koja želi da da Njegovoj djeci samo dobre stvari. Kako je Avramovo srce bilo samo u poslušnosti i pokazivalo je samo djela vjere, Bog je prihvatio Avrama kao oca vjere.

„Kad si tako učinio, i nisi požalio sina svog, jedinca svog, zaista ću te blagosloviti i sjeme tvoje veoma umnožiti, da ga bude kao zvijezda na nebu i kao pijeska na bregu morskom; i nasljediće sjeme tvoje vrata neprijatelja svojih. I blagosloviće se u sjemenu tvom svi narodi na zemlji, kad si poslušao glas moj" (Postanak 22:16-18).

Kako je Avram posjedovao ovu vrstu jačine dobrote i vjere da bi udovoljio Bogu, on je bio nazvan „prijateljem" Božjim i bio je smatran ocem vjere. Takođe, on je postao otac svih nacija i izvor svih blagoslova baš kao što mu je Bog i obećao kada ga je On prvi pozvao: *„Blagosloviću one koji tebe uzblagosiljaju, i prokleću one koji tebe usproklinju; i u tebi će biti blagoslovena sva plemena na zemlji"* (Postanak 12:3).

Božje proviđenje kroz Jakova, oca Izraela i Josifa sanjalice

Isak je rođen Avramu ocu vjere a dva sina, Isav i Jakov su rođena Isaku. Bog je odabrao Jakova, čije je srce bilo moćnije od njegovog brata, dok je bio još u majčinoj utrobi. Jakov će kasnije biti nazvan „Izrael" i postaće potomak nacije Izraela i otac dvanaest plemena.

Do mjere da hoće da kupi pravo stečeno rođenjem svoga brata Isava za supu od sočiva i otimanje blagoslova od svog brata Isava time što će obmanuti svog oca Isaka, Jakov je užasno želio blagoslov od Boga i duhovne stvari. Jakov je imao promjenljive osobine u sebi ali je Bog znao da jednom kada Jakov bude preobraćen da će postati veliki pokretač. Iz tog razloga, Bog je dozvolio dvadeset godina iskušenja Jakovu kako bi on sam bio potpuno slomljen i kako bi postao ponizan.

Kada je Jakov oteo pravo nasljedstva starijem bratu Isavu na veoma lukav način, Isav je pokušao da ga ubije i Jakov je morao da pobjegne od njega. Nakon svega, Jakov je došao da živi kod njegovog ujaka Labana i bio je pastir ovcama i kozama. On je morao da se brine o uJakovim ovcama i kozama. Tako da je on priznao u Postanku 31:40: *„Danju me ubijaše vrućina a noću mraz; i san mi ne padaše na oči."*

Bog uzvraća svakome pojedincu u skladu sa onim što on pokazuje. On je vidio da je Jakov odan; i blagoslovio ga je sa velikim zdravljem. Kada mu je Bog rekao da se vrati u zemlju gdje je rođen, Jakov je napustio Labana i dao se na put sa svojom porodicom i stvarima. Nakon dostizanja uz rijeku Javok, Jakov je čuo da je Isav bio na drugoj strani rijeke sa 400 ljudi.

Jakov nije mogao da se vrati ujaku Labanu zbog njegovog obećanja datom ujaku. Niti je mogao da pređe rijeku i da ide naprijed ka Isavu koji je gorio za osvetom. Našavši se u neprilici,

Jakov više nije mogao da se osloni na sopstvenu mudrost već je predao sve Bogu u molitvama. Kompletno se oslobađajući od svakog sputavanja od strane svojih misli, Jakov se iskreno udružio sa Bogom u molitvi do tačke u kojoj je iščašio kuk.

Jakov se borio sa Bogom i nadvladao ga, tako da ga je Bog blagoslovio govorivši mu: *„Odsele se nećeš zvati Jakov, nego Izrailj; jer si se junački borio i s Bogom i s ljudima, i odoleo si"* (Postanak 32:28). Tada je Jakov mogao takođe da se pomiri sa njegovim bratom Isavom.

Razlog zbog koga je Bog izabrao Jakova bio je zato što je on bio toliko uporan i istrajan kroz iskušenja, da je mogao da postane dobar brod i da odigra značajnu ulogu u istoriji Izraela.

Jakob je imao dvanaest sinova i dvanaest sinova je postavilo temelj u stvaranju nacije Izraela. Međutim, zato što su oni još uvijek bili samo plene, Bog je planirao da ih smjesti na granici Egipta, što je bila moćna zemlja, sve dok pokolenja Jakovljeva ne postanu velika nacija.

Ovaj plan je bio iz ljubavi Božje koji je htio da ih zaštiti od drugih nacija. Osoba kojoj je povjeren ovaj značajan zadatak je bio Josif koji je bio Jakovljev jedanaesti sin po redu.

Između njegovih dvanaest sinova, Jakov je bio značajno pristrasan prema Josifu da ga je oblačio u mnogo bojne tunike i tako dalje. Josif je postao meta mržnje i ljubomore od svoje braće i bio je prodat kao rob u Egipat od strane njegove braće sa sedamnaest godina. Ali on se nikada nije žalio niti ih je prezirao.

Josif je bio prodat u kuću Potifera, faraonskog oficira, kapetana obezbjeđenja. Tamo je on radio revnosno i predano i osvojio je naklonost i povjerenje Potifera. Zbog toga, Josif je postao nadzornik u Potiferovom domu i bilo mu je povjereno sve u domaćinstvu.

Mada, nastao je problem. Josif je bio zgodan po formi i izgledu i gospodareva žena je počela da ga zavodi. Josif je bio pravedan i iskreno se bojao Boga, tako da kada ga je ona zavodila, on joj je smjelo odgovorio: *„Kako bih učinio tako grdno zlo i Bogu zgriješio?"* (Postanak 39:9)

Poslije svega, na njene nerazumljive optužbe, Josif je bio zatvoren gdje su bili zatvoreni i kraljevi zatvorenici. Čak i u zatvoru, Bog je bio sa Josifom i uz Božju korist na njegovoj strani, Josif je bio zadužen za „sve što se događalo" u zatvoru.

Od takvih koraka na putu, Josif je mogao da stekne mudrost sa kojom će kasnije moći da vodi naciju, kultivisaće njegove političke sposobnosti i postaće veliki brod koji će moći da zagrli mnogo ljudi u njegovom srcu.

Nakon tumačenja faraonovih snova i čak nuđenja mudrih rješenja za probleme sa kojim će se faraon i njegovi ljudi susresti, Josif je postao vođa Egipta poslije faraona. Prema tome, po Božjim dubokim proviđenjima i kroz ova iskušenja data Josifu, Bog je postavio Josifa na mjesto podkralja u 30. godini u jednoj od najmoćnijih nacija u to vrijeme.

Baš kao što je Josif tumačio faraonove snove, sedam godina gladovanja će pogoditi Bliski Istok uključujući i Egipat i već je pripremio sve za taj događaj, Josif je mogao da izvede sve

Egipćane. Josifova braća došla su u Egipat u potrazi za hranom, ponovo ujedinjeni sa svojim bratom i ostatkom porodice i izmješteni u Egipat u kojem su živjeli u blagostanju i otvorili su put da bi izrodili naciju Izraela.

Mojsije: Veliki vođa koji je učinio Izlazak stvarnim

Nakon što su se smjestili u Egiptu, naslednici Izraela su brojno rasli u blagostanju u uskoro su postali veliki broj dovoljan da oformi sopstvenu naciju.

Kada je novi kralj, koji nije poznavao Josifa, došao do moći, krenuo je da se zaštiti od napredovanja i snage potomaka Izraela. Kralj i sudski zvaničnici počeli su Izraelcima da čine život gorkim u teškim radovima u blatu i opekama i u svim teškim radovima na polju, svi njihovi radovi bili su njima nametnuti (Izlazak 1:13-14).

Međutim: *„ali što ga više mučahu to se više množaše i napredovaše"* (Izlazak 1:12). Faraon je uskoro onda naredio da se svi Izraelski sinovi ubiju nakon rođenja. Nakon što je čuo vapaj za pomoć od Izraelaca, Bog se sjetio Svog zavjeta sa Avramom, Isakom i Jakovom.

I daću tebi i sjemenu tvom nakon tebe zemlju u kojoj si došljak, svu zemlju hanansku u državu večnu, i biću im Bog (Postanak 17:8).

I daću ti zemlju koju sam dao Avramu i Isaku, i nakon tebe sjemenu tvom daću zemlju ovu (Postanak 35:12).

Kako bi izveo sinove Izraela od njihovog mučenja i kako bi ih odveo u zemlju Kana, Bog je pripremio čovjeka koji će da se povinuje zapovjestima Njegovim bezuslovno i koji će povesti Njegov narod sa Njegovim srcem.

Taj pojedinac je bio Mojsije. Njegovi roditelji su sakrili Mojsija tri mjeseca nakon njegovog rođenja, ali kada više nisu mogli da ga kriju, oni su ga stavili u pletenu korpu i koš su stavili između trske na obali reke Nila. Kada je ćerka faraona otkrila dijete u toj pletenoj korpi i odlučila da ga zadrži kao njeno, bebina sestra koja je stajala na razdaljini da otkrije šta će se desiti sa bebom preporučila je faraonovoj ćerki Mojsijevu biološku majku kao negovateljicu.

Prema tome, Mojsije je rastao u kraljevskoj palati sa njegovom biološkom majkom, tako da je prirodno rastao učeći o Bogu i Izraelcima, njegovom sopstvenom narodu.

Onda je jednog dana, on vidio njegovog čovjeka Jevreja kako ga bije Egipćanin i u ljutnji on je završio tako što je ubio Egipćanina. Kada se ovo saznalo, Mojsije je pobjegao od faraonove blizine i smjestio se u zemlju Madijam. On je gonio ovce na pašu četrdeset godina a ovo je proviđenje Božje koji je tražio da pokuša i da trenira Mojsija kao vođu Izlaska.

U vrijeme Božjeg odabira, On je pozvao Mojsija i naredio mu je da povede Izraelce van Egipta u zemlju Kana, u zemlju u kojoj teče med i mlijeko.

Kako je faraon imao očvrslo srce, on nije slušao zapovjesti Božje koje su bile iznošene kroz Mojsija. Kao rezultat, Bog je doneo deset Zla nad Egiptom i silom je izveo Izraelce iz zelje Egipta.

Samo nakon patnje zbog smrti svojih prvo rođenih sinova učinilo je da faraon i njegov narod klekne pred Bogom i Izraelci su mogli da budu oslobođeni iz ropstva. Bog Sam je vodio Izraelce na svakom koraku njihovog puta; Bog je razdvojio Crveno more kako bi oni mogli da ga pređu po suvoj zemlji. Kada nisu imali ni malo vode za piće, Bog je dozvolio da voda teče kroz kamen i kada nisu imali hrane za jelo, Bog je poslao manu i prepelice. Bog je izvodio ova čuda i čudesa kroz Mojsija kako bi osigurao preživljavanje miliona Izraelaca u divljini četrdeset godina.

Vjerni Bog poveo je ljude Izraela u zemlju Kana kroz Isusa Navina, Mojsijevog sledbenika. Bog je pomogao Isusu Navinu i njegovom narodu da pređu reku Jordan Božjim putem i dozvolio im je osvajanje grada Jerihona. I na Njegovim sopstvenim putevima, Bog im je dozvolio da se domognu i da steknu većinu zemlje Kana u kojoj teče med i mlijeko.

Naravno, osvajanje Kana nije bilo samo Božji blagoslov za Izraelce već je takođe bio ishod Njegovog pravednog suda protiv stanovnika Kana koji su postali korumpirani u grijehu i zlobi.

Stanovnici zemlje Kana postali su mnogo korumpirani i bili su prisiljeni da budu predmet osude i onda u Njegovoj pravdi Bog je poveo Izraelce da preuzmu zemlju.

Kao što je Bog rekao Avramu: *„A oni će se u četvrtom kolenu vratiti ovamo"* (Postanak 15:16), Avramovi nasljednici Jakov i njegovi sinovi napustili su Kanu zbog Egipta, smjestili su se tamo, a njihovi potomci su se vratili u zemlju Kana.

David uspostavlja moćan Izrael

Nakon osvajanja zemlje Kana, Bog je vladao nad Izraelom kroz sudije i proroke za vrijeme perioda sudija i onda, Izrael postaje kraljevina. Vladavinom kralja Davida koji je volio iznad svega Boga, osnovan je temelj kao nacija.

Za vrijeme njegove mladosti, David je ubio mnoge Filistijske ratnike sa praćkom i kamenjem a kao znak priznanja za njegovo ratovanje David je postavljen kao čovjek rata u vojsci kralja Saula. Kada se David vratio kući nakon što je pobjedio Filistijce, mnoge žene su pevale dok su igrale i govorile: „Saul je ubio njegovih hiljadu a David njegovih deset hiljada." I svi Izraelci počeli su da vole Davida. Kralj Saul je planirao da ubije Davida zbog ljubomore.

Uprkos Saulovom upornom traženju, David je imao dvije prilike da ubije kralja ali je odbio da ubije kralja koji je bio pomazan od Samog Boga. On je samo činio dobro prema kralju. U jednoj prilici, David se poklonio licem prema zemlji, poklonio se i rekao kralju Saulu: *"Evo, oče moj! Evo vidi skut od plašta svog u mojoj ruci! Odsjekoh skut od plašta tvog, a tebe ne ubih, poznaj i vidi da nema zla ni nepravde u ruci mojoj, i da ti nisam zgriješio; a ti vrebaš dušu moju da je uzmeš"* (1. Samuelova 24:11).

David, čovjek po Božjem sopstvenom srcu, išao je za dobrotom u svim stvarima čak i nakon što je postao kralj. Za vrijeme njegove vladavine, David je vladao njegovim kraljevstvom u pravdi i ojačao je kraljevstvo. Kako je Bog hodao sa kraljem, David je bio pobjedniku njegovim ratovima protiv susednih Filistejca, Moavaca, Amaličana, Amona i Edomca. On je raširio Izraelsku teritoriju i ratni plen i nagrade samo su rasle kao blago Davidovog kraljevstva. Shodno tome, on je uživao u periodu napredovanja.

David je takođe preneo Božji kovčeg saveza u Jerusalim, postavio je proceduru u žrtvama paljenica i ojačao je vjeru u GOSPODA Boga. Kralj je takođe pronašao Jerusalim kao politički i religiozni centar kraljevstva i napravio je sve pripreme za Sveti hram Božji da bu de izgrađen za vrijeme vladavine njegovog sina kralja Solomona.

Tokom čitave svoje istorije, Izrael je bio najmoćnija i raskošna za vrijeme vladavine kralja Davida i kralj David je bio veoma poštovan od njegovog naroda i davao je veliku slavu Bogu. Na vrhu svega ovoga, koliko je veliki predak bio David da Mesija treba da dođe od njegovih potomaka?

Ilija donosi srca Izraelaca nazad Bogu

Sin kralja Davida Solomon je služio idolima u njegovim kasnijim danima i kraljevstvo je bilo podijeljeno na pola posle njegove smrti. Među dvanaest plemena Izraela, deset je osnovalo kraljevstvo Izraela na sjeveru dok su preostala plemena formirala kraljevstvo Judeje na jugu.

U kraljevstvu Izraela, proroci Amos i Osija otkrili su Božju volju Njegovom narodu dok su proroci Isaija i Jeremija iznijeli službovanje u kraljevstvu Judeje. Kada god bi vrijeme Njegovog biranja došlo, Bog bi poslao Njegove proroke i ispunio bi Njegovu volju kroz njih. Jedan od njih je bio Ilija. Ilija je iznio svoje službovanje za vrijeme vladavine kralja Ahava u sjevernom kraljevstvu.

U Ilijevom vrijemenu, jevrejska kraljica Jezavelja dovela je Vala u Izrael i služenje idolu se raširilo kroz cijelo kraljevstvo. Prva misija proroka Ilije koju je trebao da izvede je da kaže kralju Ahava da neće biti tri i po godine kiše u Izraelu kao ishod Božjeg suda zato što su služili idolima.

Kada je prorok to rekao kralj i kraljica su pokušali da ga ubiju, Ilija je pao u Sareptu koja je pripadala Sidonu. Njemu je udovica tamo dala zalogaj hljeba a zauzvrat za njenu službu Ilija je manifestovao čudesne blagoslove za udovicu i njena činija za brašno se nikad nije ispraznila i krčag sa uljem je uvek bio pun sve dok se nije završio period gladovanja. Kasnije, Ilija je takođe oživeo mrtvog sina udovice.

Iznad planine Karmil, Ilija je pobjedio 450 proroka Vala i 400 proroka Ašera i doveo je Božju vatru sa neba. Kako bi odvratio srca Izraelaca od idola i poveo ih nazad ka Bogu, Ilija je popravio oltar Božji, polivao je vodom žrtve paljenice i iskreno se molio Bogu.

GOSPODE Bože Avramov, Isakov i Izrailjev, neka danas poznadu da si Ti Bog u Izrailju i ja da sam Tvoj sluga, i da sam po Tvojoj riječi učinio sve ovo. Usliši me, GOSPODE, usliši me, da bi poznao ovaj narod da si Ti GOSPOD Bog, kad opet obratiš srca njihova. Tada pade oganj GOSPODNJI i spali žrtvu paljenicu i drva i kamen i prah, i vodu u opkopu popi. A narod kad to vide sav popada ničice, i rekoše: „GOSPOD je Bog, GOSPOD je Bog. Tada im reče Ilija: Pohvatajte te proroke Valove da ni jedan ne uteče." I pohvataše ih; i Ilija ih odvede na potok Kison, i pokla ih onde (1. Knjiga Kraljevima 18:36-39).

U nastavku, on je doveo na zemlju kišu sa neba nakon tri i po godine suše, prošao je rijeku Jordan kao da je hodao po suvoj zemlji i prorokovao je o stvarima koje će se tek dogoditi. Manifestujući Božje čudesne moći, Ilija je svjedočio jasno o živom Bogu.

U 2. Knjizi Kraljevima 2:11 čitamo: „*I kad iđahu dalje [Ilija i Jelisej] razgovarajući se, gle, ognjena kola i ognjeni konji rastaviše ih. I Ilija otide u vihoru na nebo.*" Zato što je Ilija udovoljavao Bogu sa njegovom vjerom do najvećeg stepena i dobio je Njegovu ljubav i prepoznavanje, proroci će se uzdići na nebo bez da se suočavaju sa smrću.

Danilo oživljava Božju slavu nacijama

Dvije stotine i pedeset godina kasnije, oko 605. godine prije nove ere, u trećoj godini vladavine kralja Joakima, Jerusalim je pao u invaziju kralja Vavilona Navuhodonosora i mnogi članovi kraljevske porodice Judeje su bili zarobljeni.

Kao dio politike Navuhodonosorovog izmirenja, kralj je naredio Asfenazu šefu njegovih zvaničnika, da dovede neke sinove Izraela, uključujući neke iz kraljevskih porodica i plemića, mladiće koji nemaju defekta, koji su dobrog izgleda, koji pokazuju inteligenciju u svakom ogranku mudrosti, obdarenim razumijevanjem i probirljivim znanjem i koji imaju mogućnost da služe kraljevskom sudu. I kralj mu naredi da ih uči literaturu i jezik heldejski i među takvim mladićima je bio i Danilo (Danilo 1:3-4).

Međutim, Danilo je promijenio mišljenje da on neće sebe ukaljati kraljevim izborom hrane ili sa vinom koje je pio, i potražio je dozvolu od starješine da ne bi sebe ukaljao (Danilo 1:8).

Čak iako je on bio ratni zarobljenik, Danilo je dobio blagoslov od Boga jer se plašio Njega u svakom periodu svog života. Bog je dao Danilu i njegovim prijateljima znanje i inteligentnost u svakom ogranku literature i mudrosti. Danilo je čak i razumio sve vrste vizija i snova (Danilo 1:17).

Zato je nastavio da stiče naklonost i priznanje od kraljeva čak iako su se kraljevstva menjala. Prepoznavši Danilov nevjerovatan duh, kralj Persije Darije je tražio da se imenuje nad cijelim kraljevstvom. Onda je grupa sudskih službenika postala ljubomorna i počeli su da traže osnovne optužbe protiv Danila u pogledu državnih poslova. Ali nisu mogli da nađu osnove u optužbama ili dokaze o korupciji.

Kada su saznali da se Danilo moli Bogu tri puta dnevno, zastupnici i nasilnici došli su pred kralja i naredili mu da naprave statut da svako ko napiše molitvu bilo za boga ili čovjeka pored kralja mjesec dana treba da bude bačen u lavlji kavez. Danilo se nije dvoumio; čak i u riziku da izgubi i reputaciju, visoki položaj i sopstveni život u lavljem kavezu, on je nastavio da se moli, gledajući ka Jerusalimu, kao što je to i ranije radio.

Po naređenju kralja, Danilo je bačen u lavlji kavez ali zato što je Bog poslao Njegove anđele i zatvorio usta lavovima, Danilo je ostao nepovrijeđen. Nakon što su ovo shvatili, kralj Darius napisao je svim narodima, nacijama i ljudima na svim jezicima koji su živjeli u svim zemljama i dozvolio im je da slave i hvale Boga:

> *Od mene je zapovjest da se u svoj državi carstva mog svak boji i straši Boga Danilovog, jer je On Bog živi, koji ostaje dovijeka, i carstvo se Njegovo neće rasuti, i vlast će Njegova biti do kraja. On izbavlja i spasava, i čini znake i čudesa na nebu i na zemlji, On je izbavio Danila od sile lavovske* (Danilo 6:26-27).

Pored predaka vjere koji su imali veliki uzor u Boga kako se iznad navodi, nikakva količina papira i mastila ne bi bila dovoljna da se opišu djela vjere Gideona, Vedana, Samsona Jeftaja, isaije, Jeremije, Jezekilja, Danilovih trojice prijatelja, Jestira i svih proroka predstavljenih u Bibliji.

Veliki praoci za sve nacije na zemlji

Od najranijih dana nacije Izraela, Bog je lično planirao i usmjeravao tok njene istorije. Svaki put kada bi se Izrael sam našao u krizi, Bog bi ga predvodio kroz proroke koje je On pripremio i vodio je istoriju Izraela.

Prema tome, za razliku od bilo mojih drugih nacija, istorija Izraela se odvija u skladu sa proviđenjem Božjim od dana Avramovog i nastaviće da se odvija u skladu sa planom Božjim sve do kraja vremena.

Jer Bog imenuje i koristi očeve vjere između ljudi Izraela za Njegovo proviđenje i plan ne samo za Njegov odabir Izraelaca već takođe i za sve ljude svuda koji imaju vjeru u Boga.

Kad će od Avrama postati velik i silan narod, i u njemu će se blagosloviti svi narodi na zemlji (Postanak 18:18).

Bog želi „da sve nacije na zemlji" postanu Avramova djeca sa vjerom i da dobiju Avramove blagoslove. On nije rezervisao blagoslove samo za Njegov izbor Izraelaca. Bog je obećao Avramu u Postanku 17:4-5 da će postati otac vjere mnogim nacijama, a u Postanku 12:3 da će sva plemena na zemlji biti blagoslovljena u njemu i u Postanku 22:17-18 da će sve nacije biti blagoslovene u njegovom sjemenu.

Šta više, kroz istoriju Izraela, Bog je otvorio put sa kojim će sve nacije na zemlji spoznati da je samo GOSPOD Bog pravi Bog, služiće Njemu i postaće Njegova iskrena djeca koja Njega vole.

Potražiše me koji ne pitahu za me; nađoše me koji me ne tražahu; rekoh narodu koji se ne zove mojim imenom. „Evo me, evo me," (Isaija 65:1).

Bog je osnovao velike pra očeve i lično je vodio i vladao istorijom Izraela kako bi dozvolio oboma i Jevrejima i Njegovim odabranim Izraelcima da zovu Njegovo ime. Bog je ispunio istoriju kultivacije čovječanstva sve do tada ali sada On je osmislio drugi savršeni plan tako da će On ispuniti proviđenje ljudske kultivacije takođe i nejevrejima. Zato, kada je vrijeme Njegovog biranja došlo Bog je poslao Njegovog Sina na zemlju Izraela ne samo kao Mesiju Izraela već i kao Mesiju cijelog čovječanstva.

Ljudi koji svjedoče o Isusu Hristu

Kroz istoriju kultivacije čovječanstva, Izrael je oduvek bio u centru ispunjavanja Božjeg proviđenja. Bog je Sebe otkrio očevima vjere, obećao je njima stvari koje će se dogoditi i ispunio je baš kao što je On obećao. On je takođe rekao Izraelcima da će Mesija doći iz plemena Judinog i kuće Davidove i da će spasti sve nacije na zemlji.

Prema tome, Izrael je čekao Mesiju koji je bio predskazan u Starom zavjetu. *Mesijaje Isus Hrist.* Naravno, ljudi koji imaju vjeru u Judaizam ne prepoznaju Isusa kao Sina Božjeg i kao Mesiju, već umjesto toga oni još čekaju na Njegov dolazak.

Međutim, Mesija na koga Izraelci čekaju i Mesija o kome ćemo u ovom Poglavlju pisati je jedan isti.

Šta ljudi govore o Isusu Hristu? Ako ispitate proročanstvo o Mesiji i njegovom ispunjavanju i kvalifikacije o Mesiji, vi ćete samo potvrditi činjenicu da Mesija za kojim Izrael žudi je niko drugi no Isus Hrist.

Pavle, progonitelj Isusa Hrista pretvara se u Njegovog Apostola

Pavle je bio rođen u Tarsu, Kilikija, u savremenoj Turskoj

prije oko 2000 godina, i njegovo ime na rođenju je bilo Savle. Savle je bio obrezan osmog dana nakon rođenja, nacije Izraela od plemena Venijaminovog i Jevrejin od Jevreja. Pavle je pronađen bez mana kao što je pravednost u Zakonu. On je takođe bio učen pod nadzorom Gamalila, učiteljem Zakona koji je bio poštovan od strane ljudi. On je živio striktno po zakonu od njegovih očeva i imao je državljanstvo Rimskog carstva koja je bila najmoćnija zemlja na svijetu u to vrijeme. Jednom riječju, Savle nije ništa manjkalo u ovim tjelesnim stvarima što se tiče njegove familije, roda, znanja, bogatstva ili vlasti.

Zato što je volio Boga iznad svega, Pavle je ljubomorno osuđivao sledbenike Isusa Hrista. To je bilo zato što je čuo da su hrišćani tvrdili da je razapet Isus bio Sin Božji i Spasitelj i da je Isus vaskrsao trećeg dana iz Njegove grobnice, Savle je to smatrao jednako huljenjem protiv Boga Samog.

Savle je takođe mislio da su sledbenici Isusa Hrista predstavljali pretnju farisejskog Judaizma koju je on strastveno slijedio. Iz tog razloga, Savle je neumorno proganjao i uništavao crkvu i preuzeo je vođstvo u zarobljivanju vjernika Isusa Hrista.

On je zarobio mnogo hrišćana i glasao je protiv njih kada su bivali ubijeni. On je takođe kaznio vjernike u svim sinagogama, pokušavao je da ih primora da hule tamo protiv Isusa Hrista i nastavio je u njihovom osuđivanju čak i u tuđim gradovima.

Onda je Savle doživeo neopisiv preokret u iskustvu sa kojim se njegov život okrenuo naopačke. Na njegovom putu ka Damasku, odjednom je vidio svjetlost sa neba koja ga je okolo obasjala.

„Savle! Savle, zašto me goniš?"
„Ko si Ti, Gospode?"
„Ja sam Isus, kog ti goniš."

Savle je ustao sa zemlje, ali ništa nije mogao da vidi; ljudi su ga develi do Damaska. On je ostao tamo tri dana bez vida. On nije niti jeo niti pio. Nakon ovog događaja, Gospod se pojavio u viziji učeniku nazvanom Ananije.

Ustani i idi u ulicu koja se zove Prava, i traži u domu Judinom po imenu Savla Taršanina; jer gle, on se moli Bogu, i vide u utvari čovjeka, po imenu Ananiju, gdje uđe i metnu ruku na nj da progleda... Idi, jer mi je on sud izbrani da iznese ime moje pred neznabošce i careve i sinove Izrailjeve; a ja ću mu pokazati koliko mu valja postradati za ime moje (Djela Apostolska 9:11-12, 15-16).

Kada je Ananij položio njegove ruke i pomolio se za Savla, odmah je sa njegovih očiju otpalo nešto kao krljušt i on je progledao. Nakon što je spoznao Gospoda, Savle je počeo da razumije svoje grijehove i misli i preimenovan je u „Pavla" što znači „mali čovjek." Od tada pa nadalje, Pavle je smjelo propovjedao Jevrejima živog Boga i jevanđelje Isusa Hrista.

Ali vam dajem na znanje, braćo, da ono jevanđelje koje sam ja javio, nije po čovjeku. Jer ga ja ne primih od čovjeka, niti naučih, nego otkrivenjem Isusa Hrista. Jer ste čuli moje življenje nekad u Jevrejstvu, da sam odviše gonio crkvu Božju i raskopavao je; i napredovah u Jevrejstvu većma od mnogih vrsnika svojih u rodu svom, i odviše revnovah za otačke svoje običaje. A kad bi ugodno Bogu, koji me izabra od utrobe matere moje i prizva blagodaću svojom; da javi Sina Svog u meni, da Ga jevanđeljem objavim među ljudima neznabošcima; odmah ne pitah tijelo i krv, Niti iziđoh u Jerusalim k starijim apostolima od sebe nego otidoh u arapsku, i opet se vratih u Damask (Poslanica Galaćanima 1:11-17).

Čak i nakon što je spoznao Gospoda Isusa Hrista i propovjedao jevanđelje, Pavle je istrajao u svim vrstama patnji koje ne mogu biti adekvatno opisane riječima. Pavle se često nalazio u velikim borbama, u mnogo većim tamnicama, pretučen bezbroj mnogo puta, često u opasnosti, u mnogim besanim noćima, u gladi i žeđi, često bez hrane, u hladnim uslovima (2. Poslanica Korinćanima 11:23-27).

On je lako mogao da živi naprednim i udobnim životom sa njegovim položajem, vlasti, znanjem i mudrosti ali Pavle se odrekao svega toga i predao je sve što je imao Gospodu.

Jer ja sam najmlađi među apostolima, koji nisam dostojan nazvati se apostol, jer gonih crkvu Božiju. Ali po blagodati Božjoj jesam šta jesam, i blagodat

Njegova što je u meni ne osta prazna, nego se potrudih više od svih njih, ali ne ja nego blagodat Božja koja je sa mnom (1. Poslanica Korinćanima 15:9-10).

Pavle je mogao da prizna ovo smjelo priznanje zato što je imao veoma snažno iskustvo u susretu sa Isusom Hristom. Gospod nije samo sreo Pavla na putu za Damask, već je takođe i učvrstio Njegovu prisutnost sa Pavlom manifestovanjem čudesnih djela moći.

Bog je činio izvanredna čuda sa rukama Pavla, tako da kad bi se maramice ili kecelje sa njegovog tijela samo donele do bolesnih, bolesti su ih napuštale i zli duhovi bi izašli napolje. Pavle je takođe vratio i mladog čovjeka zvanog Evtih u život kada je pao sa trećeg sprata i kada je bio mrtav. Vraćanje mrtvog čovjeka u život nije moguće bez Božje moći.

Stari Zavjet spominje proroka Iliju koji je vratio u život sina udovice u Sarepti i proroka Jeliseja koji je oživeo dječaka istaknute žene u Sunimi. Kao što su pisci psalma napisali u Psalmima 62:11: *„Jednom reče Bog i više puta čuh, da je krepost u Boga,"* moć Božja je data čovjeku od Boga.

Za vrijeme njegova tri misionarska puta, Pavle je učvrstio temelje za jevanđelje Isusa Hrista da se propovjeda svim nacijama i izgradnju crkava na mnogim mestima u Aziji i Evropi uključujući Srednju Aziju i Grčku. Prema tome, put je otvoren kroz koji će jevanđelje Isusa Hrista biti propovjedano u svakom uglu zemlje i brojne duše će biti spašene.

Petar manifestuje veliku moć i spašava brojne duše

Šta možemo reći o Petru koji je uložio napor da bi propovjedao jevanđelje Jevrejima? On je bio običan pecaroš prije nego što je sreo Isusa, nakon što je bio pozvan od strane Isusa i svjedok iz prve ruke čudesnim stvarima koje je Isus radio, Petar je postao jedan od Njegovih najboljih učenika.

Kada je Petar vidio da Isus manifestuje vrstu i jačinu moći koju nijedan drugi čovjek nije mogao da imitira, uključujući progledanje slijepih, ustajanje bogalja, oživljavanje mrtvih i kada je vidio da Isus čini dobra djela i kada je vidio da Isus pokriva ljudske nedostatke i grijhove, Petar je mogao da vjeruje: „On jeste zaista došao od Boga." U Jevanđelju po Mateju 16 mi možemo da nađemo njegovo priznanje.

Isus je pitao Svoje učenike: „*A vi šta mislite ko sam ja?*" (stih 15) Petar je odgovorio: „*Ti si Hristos, Sin Boga Živoga*" (stih 16).

Onda se nešto nezamislivo dogodilo Petru koji je mogao da da ovakvo smjelo priznanje kao što je gore navedeno. Petar je čak priznao Isusu na poslednjoj večeri: „*Ako se i svi sablazne o tebe ja se neću nikad sablazniti*" (Jevanđelje po Mateju 26:33). Ali u noći kada je Isus uhvaćen i razapet, Petar se odrekao iako je poznavao Isusa tri puta zbog straha od smrti.

Nakon što je Isus vaskrsnuo i uzdigao se na nebo, Petar je primio Svetog Duha i bio je preobraćen na čudesan način. On je došao do toga da je posvetio svaki gram svog života u propovjedanju jevanđelja o Isusu Hristu bez straha od smrti.

Jednog dana 3000 ljudi se pokajalo i bilo je kršteno kada je smjelo svjedočio o Isusu Hristu. Čak i ispred jevrejskih vođa koji su pretili da će mu oduzeti život, on je smjelo prorokovao da je Isus Hrist naš Gospod i Spasitelj.

Pokajte se, i da se krstite svaki od vas u ime Isusa Hrista za oproštenje grijeha; i primićete dar Svetog Duha. Jer je za vas obećanje i za djecu vašu, i za sve daleke koje će god dozvati Gospod Bog naš (Djela Apostolska 2:38-39).

On je kamen koji vi zidari odbaciste, a postade glava od ugla. I nema ni u jednom drugom spasenja; jer nema drugog imena pod nebom danog ljudima kojim bi se mi mogli spasti (Djela Apostolska 4:11-12).

Petar je pokazivao moć Božju manifestovanjem mnogih znakova i čuda. U Lidi, Petar je iscijelio čovjeka koji je bio paralizovan osam godina i u blizini Jopi, on je oživio Tavitu koji se razbolio i umro. Petar je takođe učinio da bogalji ustanu i hodaju, iscjeljivao je ljude koji su patili od različitih bolesti i istjerivao je demone.

Božja moć pratila je Petra do te mjere da su ljudi iznosili bolesne na ulicu i stavljali ih da leže u posteljama i nosilima zato što su očekivali da kada prolazi Petar makar će njegova sjenka pasti na jednog od njih (Djela Apostolska 5:15).

Osim toga, Bog je otkrio Petru kroz vizije da jevanđelje spasenja i jeste da bi se privukli neznabošci. Jednog dana, kada je Petar otišao na vrh kuće da se moli, on je osjetio glad i želju da pojede nešto. Dok se pripremala hrana, Petar je pao u trans i vidio je kako se nebo otvara i kako silazi predmet kao veliki čaršav. U njemu su bile sve vrste četvoro nožnih životinja i gmizavca sa zemlje i ptica u vazduhu (Djela Apostolska 10:9-12). Petar je onda čuo glas.

Glas je došao do Petra. *"Ustani, Petre! Pokolji i pojedi"* (stih 13). Ali Petar je rekao: *"Nipošto, Gospode! Jer nikad ne jedoh šta pogano ili nečisto"* (stih 14). Ponovo glas je došao do njega po drugi put: *"Šta je Bog očistio ti ne pogani"* (stih 15).

Ovo se dogodilo tri puta i sve je bilo vraćeno nazad na nebo. Petar nije mogao da razumije zašto mu je Bog zapovjedio da jede nešto što je opisano kao „nečistim" po Mojsijevom zakonu. Dok je Petar proučavao viziju, Sveti Duh mu je rekao: *"Evo tri čovjeka traže te. Nego ustani i siđi i idi s njima ne premišljajući ništa, jer ih ja poslah"* (Djela Apostolska 10:19-20). Tri čovjeka došla su u ime jevrejina Kornelija koji ih je poslao da dovedu Petra u njegovu kuću.

Kroz ovu viziju, Bog je otkrio Petru da Bog želi da se i Njegova milost propovjeda čak i Jevrejima i naredio je Petru da širi njima jevanđelje Gospoda Isusa Hrista. Petar je bio toliko zahvalan Gospodu koji ga je volio do kraja i kao Svom apostolu mu je povjerio tajni zadatak čak iako Ga je se odrekao tri puta tako da Petar nije štedio svoj život vodeći nebrojeno mnogo duša na putu ka spasenju i on je umro mučeničkom smrću.

Apostol Jovan prorokuje o poslednjim danima o otkrivanju Isusa Hrista

Jovan je bio prije pecaroš u Galileji, ali kada je bio pozvan od Isusa, Jovan je uvijek hodao sa Njim i svjedočio je mnogim njegovim manifestovanim znakovima i čudima. Jovan je vidio kada je Isus pretvarao vodu u vino na svadbi u Kani, iscjeljivao mnogo brojne bolesne ljude uključujući i osobu koja je bila bolesna trideset i osam godina, istjerivao demone iz mnogih i otvarao oči slijepima. Jovan je takođe bio svjedok kada je Isus hodao po vodi i vratio život Lazaru koji je bio mrtav četiri dana.

Jovan je pratio Isusa i kada se Isus preobratio (Njegovo lice je sijalo kao sunce i Njegovo ruho je postalo bijelo kao svjetlost) i kada je pričao sa Mojsijem i Ilijom na vrhu Planine preobraženja. Čak i kada je Isus ispuštao poslednji Njegov dah na krstu, Jovan je čuo Isusa kako govori djevici Mariji i njemu: „Ženo! Eto ti sina!" (Jevanđelje po Jovanu 19:26). „Eto ti matere!" (Jevanđelje po Jovanu 19:27).

Sa ove tri poslednje reči koje je Isus izgovorio na krstu, u fizičkom smislu Isus je tješio Mariju koja je nosila i rodila Njega u duhovnom smislu da je On prorokovao cijelom čovječanstvu da su svi vjernici braća, sestre i majke.

Isus se nikada nije obraćao Mariji kao Njegovoj „majci." Kao što je Sin Božji u suštini Bog Sam, niko nije mogao da Njega rodi i On nije mogao da ima majku. Razlog zbog koga je Isus rekao Jovanu: „Eto ti matere!" je bio taj da Jovan treba da služi Mariji kao svojoj majci. Od tog časa Jovan je odveo Mariju u njegovo domaćinstvo i služio joj kao svojoj majci.

Nakon Isusovog vaskrsenja i uzdizanja, on je revnosno propovjedao jevanđelje Isusa Hrista zajedno i sa drugim apostolima uprkos učestalim pretnji Jevreja. Kroz njihovo revnosno propovijedanje jevanđelja, ranija crkva je doživjela spektakularno oživljavanje, ali u isto vrijeme su i apostoli bili uporni predmet optuživanja.

Apostol Jovan je bio ispitivan od strane jevrejskog savjeta i kasnije je bio gurnut u ključalo ulje od Rimskog cara Domicijana. Ali Jovan nije patio od toga uz Božju moć i proviđenje i car ga je prognao na grčko ostrvo Patmos u Mediteranskom moru. Ovdje, Jovan je komunicirao sa Bogom u molitvama i sa inspiracijom Svetog Duha i vodstvom anđela, on je vidio mnogo dubokih vizija i napisao je otkrivenje Isusa Hrista.

Otkrivenje Isusa Hrista, koje dade Njemu Bog, da pokaže slugama svojim šta će skoro biti, i pokaza, poslavši po anđelu svom sluzi svom Jovanu (Otkrivenje Jovanovo 1:1).

Sa inspiracijom Svetog Duha, Jovan Apostol je napisao do detalja sve stvari koje će se dogoditi u poslednjim danima kako bi ljudi mogli da prihvate Isusa kao njihovog Spasitelja i kako bi pripremili sebe da Njega prihvate kao Kralja svih kraljeva i kao Gospodara svih gospodara za vrijeme Njegovog Drugog Dolaska.

Članovi ranijih crkvi održavaju post u skladu sa svojom vjerom

Kada se vaskrsli Isus uzdigao na nebo, On je obećao Njegovim učenicima da će se On vratiti na isti način kao kada su ga gledali kada se On uzdizao na nebo.

Brojni svjedoci Isusovog vaskrsenja i uzdizanja su razumijeli da će i oni moći isto tako da vaskrsnu i više se nisu plašili smrti. Na ovaj način oni mogu da žive svoje živote kao Njegovi svjedoci licem u lice sa pretnjama i ugnjetavanjima vođa sveta i optužbama koja ih često koštaju života. Ne samo Isusovi učenici koji su Njemu služili za vrijeme Njegovog javnog službovanja već takođe i brojni drugi postali su plen lavovima u Koloseumu u Rimu, bili su mučeni, razapeti i paljeni do pepela. Međutim, svi oni su održavali post u svojoj vjeri u Isusa Hrista.

Kako su se optužbe protiv hrišćanstva zaoštravale, članovi ranijih crkava su se krili u Rimskim katakombama, poznatim kao „podzemna grobna mjesta." Njihovi životi su bili užasni; bilo je to kao da nisu ni živjeli. Zato što su oni imali strastvenu i iskrenu ljubav prema Gospodu, opet oni se nisu plašili bilo koje vrste iskušenja i mučenja.

Prije nego što je hrišćanstvo bilo zvanično prepoznato u Rimu, gušenje protiv hrišćanstva je bilo grubo i okrutno van opisa. Hrišćanima je bilo oduzeto državljanstvo, Biblije i crkve su bile paljene i vođe crkava i radnici su bili hapšeni, brutalno mučeni i pogubljeni.

Polikarp u crkvi Smirnski u srednjoj Aziji je imao ličnu zajednicu sa apostolom Jovanom. Polikarp je bio preodređen biskup. Kada je Polikarp bio uhapšen od rimskih vlasti i kada je stao pred Guvernerom, on nije odustao od svoje vjere.

„Ja ne želim da vas osramotim. Naredite da ti hrišćani budu ubijeni i ja ću vas pustiti. Prokunite Hrista!"

„Osamdeset i šest godina sam bio Njegov sluga i On mi nije učinio ništa loše. Kako mogu da hulim na mog Kralja koji me je spasao?"

Oni su namjeravali da ga spale do smrti, ali zato što nisu uspjeli, Polikarp biskup Smirnski umro je kao mučenik nakon što je na smrt preklan. Kada su mnogi drugi hrišćani svjedočili i čuli za Polikarpov marš u vjeri i njegovo mučenje, došli su do većeg saznanja o Isusovom stradanju i sami su izabrali put mučeništva.

Ljudi Izrailjci, gledajte dobro za ove ljude šta ćete činiti. Jer prije ovih dana usta Tevda, govoreći da je on nešto, za kojim pristade ljudi na broj oko četiri stotine. On bi ubijen, i svi koji ga slušahu raziđoše se i propadoše. Potom usta Juda Galilejac, u dane prepisa, i odvuče dosta ljudi za sobom; i on pogibe, i svi koji ga slušahu razasuše se. I sad vam kažem: prođite se ovih ljudi i ostavite ih; jer ako bude od ljudi ovaj savjet ili ovo djelo, pokvariće se; ako li je od Boga, ne možete ga pokvariti, da se kako ne nađete kao bogoborci (Djela Apostolska 5:35-39).

Kao što je poznati Gamalijel opominjao i podsjećao ljude Izraela onako kao što je gore napisano, jevanđelje Isusa Hrista koji došao iz Samog Boga ne može biti srušeno. Konačno, u 313.god., car Konstantin prepoznaje hrišćanstvo kao zvaničnu religiju njegovog kraljevstva i jevanđelje o Isusu Hristu počinje da se propovjeda po cijelom svijetu.

Svjedočenje o Isusu zapisano u Pilatovom izvještaju

Među istorijskim dokumentima za vrijeme Rimskog carstva, postoje zapisi o Isusovom vaskrsenju koje je Pontije Pilat, guverner Rimske provincije Judeje za vrijeme Isusovog vremena, napisao i poslao Caru.

Slijedi odlomak o vaskrsenju Isusa iz „Pilatov izveštaj Cezaru o hapšenju, suđenju i razapeću Isusa," koji se trenutno čuva u Svetoj Sofiji u Istanbulu, Turska.

Nekoliko dana nakon što je grobnica pronađena prazna, njegovi učenici su objavili unaokolo zemlje da je Isus ustao iz mrtvih kao što je i Sam prorokovao. Ovo je stvorilo još više uzbuđenja nego samo razapeće. Što se njegove istine tiče ne mogu sigurno reći ali sam istraživao po tom pitanju, a i vi možete sami istražiti i videti da li

griješim, kao što Irod izjavljuje.

Josif je sahranio Isusa u svom grobu. Šta god da je mislio o Njegovom vaskrsenju ili je računao da mu napravi drugu, ja ne mogu reći. Dan nakon što je sahranjen jedan od svještenika je došao u sudnicu i rekao da su zabrinuti jer njegovi učenici namjeravaju da ukradu tijelo Isusa i da ga sakriju, i da će onda ispasti da je ustao iz smrti kao što je On prorokovao i u šta su oni bili savršeno ubeđeni.

Poslao sam ga kod kapetana kraljevske garde (Malcus) da mu kaže da uzme jevrejske vojnike, da ih postavi oko groba koliko god je potrebno; tako da ako se nešto desi da oni mogu da okrive sebe a ne Rimljane.

Kada je veliko uzbuđenje nastalo jer je grob postao prazan, osjetio sam još veću zabrinutost nego ikada. Poslao sam po ovog čovjeka Islama, koji mi je najavljen kao najbliži koji može da mi opiše sljedeće okolnosti. Oni su vidjeli meku i lijepu svjetlost nad grobom. On, najprije, je mislio da su žene dolazile da balzamuju Isusovo tijelo, kao što je njihov običaj, ali nije mogao da vidi kako su mogle da prođu pored stražara. Iako su mu ove misli prolazile kroz glavu, ovo cijelo mjesto bilo je gore osvjetljeno i izgledalo je da postoje kolone mrtvih u svojim grobnim odjećama.

Sve se činilo da viču i da padaju u ekstaziju, dok se svuda unaokolo i iznad čula najljepša muzika koju je on čuo i izgledalo je kao da cio vazduh je prepun glasova koji slave Boga. Sve ovo vrijeme činilo se da se on tetura i da pliva po zemlji i izgledao je kao da će mu pozliti i da će se onesvijestiti i nije mogao da stoji na nogama. On je rekao da je izgledalo kao da zemlja pliva ispod njega i da su ga osjećaji napustili i da nije znao šta će se dogoditi.

Kao što čitamo u Jevanđelju po Mateju 27:51-53: „*I zemlja se potrese, i kamenje se raspade. I grobovi se otvoriše, i ustaše mnoga tijela svetih koji su pomrli; I izašavši iz grobova, po vaskrsenju Njegovom, uđoše u sveti grad i pokazaše se mnogima*" rimljanska straža je dala slično svjedočenje.

Nakon zapisivanja svjedočenja rimljanskih stražara koji su svjedočili duhovnom fenomenu, Pilat je napisao na kraju izveštaja: „Gotovo sam spreman da kažem: „Zaista ovo je bio Sin Božji.""

Brojni svjedoci o Gospodu Isusu Hristu

Nisu samo Isusovi učenici koji su Njemu služili za vrijeme Njegovog javnog službovanja bili svjedoci jevanđelju Isusa Hrista. Baš kao što je Isus rekao u Jevanđelju po Jovanu 14:13: „*I šta god zaištete u Oca u ime Moje, ono ću vam učiniti, da se proslavi Otac u Sinu,*" mnogi svjedoci su dobili Božje odgovore na njihove molitve i svjedočili su o živom Bogu i Gospodu Isusu

Hristu još od Njegovog vaskrsenja i uzdizanja na nebo.

Vi ćete primiti silu kad siđe Duh Sveti na vas; i bićete Moji svjedoci i u Jerusalimu i po svoj Judeji i Samariji i čak do najdaljih dijelova zemlje (Djela apostolska 1:8)

Ja sam prihvatio Gospoda nakon što sam bio izliječen uz Božju moć od svih bolesti protiv kojih je medicinska nauka bila bespomoćna. Kasnije sam bio pomazan da budem sluga Gospoda Isusa Hrista i propovjedao sam jevanđelje svim ljudima i manifestovao sam znakove i čuda.

Kao što je obećano u gornjem stihu, mnogi ljudi su postali Božja djeca primanjem Svetog Duha i posvetili su svoje živote propovjedanjem jevanđelja o Isusu Hristu sa moći Svetog Duha. Na ovaj način se jevanđelje proširilo po cijelom svijetu i mnogo brojni ljudi danas se susreću sa živim Bogom i prihvataju Isusa Hrista.

Idite po svemu svijetu i propovedite jevanđelje svakom stvorenju. Koji uzvjeruje i pokrsti se, spašće se; a ko ne vjeruje osudiće se. A znaci onima koji vjeruju biće ovi: imenom mojim izgoniće đavole; govoriće novim jezicima; uzimaće zmije u ruke, ako i smrtno šta popiju, neće im nauditi; na bolesnike metaće ruke, i ozdravljaće (Jevanđelje po Marku 16:15-18).

Crkva Svetog groba na Golgoti, brdo na Golgoti u Jerusalimu

Poglavlje 2
Mesija poslat od Boga

Bog obećava Mesiji

Izrael je često gubio vlast i morao je da pati od invazija i vlasti kao što je Persija i Rim. Kroz njegove proroke, Bog je dao veliko obećanje o Mesiji koji će doći kao Kralj Izraela. Nije moglo da postoji nikakav veći izvor nade za pogođene Izraelce od Božjeg obećanja o Mesiji.

Jer nam se rodi Dijete, Sin nam se dade, kome je vlast na ramenu, i ime će Mu biti: Divni, Savjetnik, Bog silni, Otac vječni, Knjaz mirni. Bez kraja će rasti vlast i mir na prijestolju Davidovom i u carstvu njegovom da se uredi i utvrdi sudom i pravdom od sada dovijeka. To će učiniti revnost GOSPODA nad vojskama (Isaija 9:6-7).

„*Gle, idu dani*", govori GOSPOD, „*u koje ću podignuti Davidu Klicu pravednu, koja će carovati i biti srećna i činiti sud i pravdu na zemlji. U Njegove dane spašće se Juda, i Izrailj će stanovati u miru, i ovo mu je ime kojim će se zvati: 'Gospod pravda naša'*" (Jeremija 23:5-6).

Raduj se mnogo, kćeri sionska! Podvikuj, kćeri jerusalimska! Evo, Car tvoj ide k tebi, pravedan je i spasava, krotak i jaše na magarcu, i na magaretu, mladetu magaričinom. Jer ću istrijebiti iz Jefrema kola i iz Jerusalima konje; i istrijebiće se luk ubojiti; i On će kazivati mir narodima, i vlast će mu biti od mora do mora i od rijeke do krajeva zemaljskih (Zaharija 9:9-10).

Izrael čeka na Mesiju bez prestanka sve do današnjeg dana. Šta je odlaganje dolaska Mesije koga Izrael željno iščekuje i naslućuje? Mnogi Jevreji žele odgovor na ovo pitanje ali odgovor je pronađen u činjenici da oni ne znaju da je Mesija već došao.

Isus Mesija patio je baš kao što je prorokovao Isaija

Mesija koga je Bog obećao Izraelu i koji je zaista poslat je Isus. Isus je rođen u Vitlejemu u Judeji nekih dve hiljada godina ranije kada je čas došao, Isus je umro na krstu, vaskrso je i otvorio je put spasenja cijelom čovječanstvu. Jevreji u Njegovom vremenu, međutim, nisu prepoznali Isusa kao Mesiju na koga su čekali. To je zato što je Isus izgledao potpuno drugačije od slike Mesije koju su oni zamišljali.

Jevreji su postali iscrpljeni od dugog perioda kolinijalne vladavine i očekivali su potencijalnog Mesiju da ih izbavi od njihove političke borbe. Oni su mislili da će Mesija doći kao Kralj Izraela, da će staviti kraj na sve ratove, da će ih izbaviti od proganjanja i pritisaka, da će im dati iskren mir i da će ih uzdići iznad svih nacija.

Međutim, Isus nije došao na ovaj svijet kao raskošan i prilično veličanstven kralj već je rođen kao sin siromašnog drvodelje. On čak nije ni došao da bi oslobodio Izrael od rimskog ugnjetavanja niti da obnovi pređašnju slavu. On je došao na ovaj svijet da bi obnovio čovječanstvo koje je bilo osuđeno na propast još od Adamovog grijeha i da ih načini djecom Božjom.

Iz ovih razloga, Jevreji nisu prepoznali Isusa kao Mesiju i umjesto toga su Ga razapeli. Ako mi proučimo lik Mesije kao što je napisano u Bibliji, mi samo možemo da potvrdimo činjenicu da je Mesija odista Isus.

Jer izniče pred Njim kao šibljika, i kao korijen iz suve zemlje; ne bi obličja ni ljepote u Njega; i vidjesmo Ga, i ne bieše ništa na očima, čega radi bismo Ga poželjeli. Prezren biješe i odbačen između ljudi, bolnik i vičan bolestima, i kao jedan od koga svak zaklanja lice, prezren da Ga nizašta ne uzimasmo (Isaija 53:2-3).

Bog je rekao Izraelcima da Mesija, Kralj Izraela neće imati raskošan oblik ili veličanstvenost niti izgled da ih privukao već će umjesto toga On biti preziran i odbačen od strane ljudi. Ipak, Izraelci nisu uspjeli da prepoznaju Isusa kao Mesiju kojeg im je Bog obećao.

On je bio prezren i napušten od izabranika Božjih Izraelaca, ali Bog je postavio Isusa Hrista iznad svih nacija i brojni ljudi do današnjeg dana su prihvatili Njega kao njihovog Spasitelja.

Kao što je napisano u Psalmima 118:22-23: *„Kamen koji odbaciše zidari, posta glava od ugla. To bi od GOSPODA i divno je u našim očima"* proviđenje spasenja čovječanstva je ispunjeno kroz Isusa koga je Izrael napustio.

Isus nije imao izgled Mesije koga su ljudi Izraela očekivali da vide, ali mi možemo da razumijemo da Isus jeste Mesija o kome je Bog propovjedao kroz Njegove proroke.

Sve uključujući slavu, mir i obnovu što nam je Bog obećao kroz Mesiju ima veze sa duhovnik kraljevstvom i Isusom koji dolazi na ovu zemlju da bi ispunio zadatak koji je Mesija rekao: *„Carstvo moje nije od ovog svijeta"* (Jevanđelje po Jovanu 18:36).

Mesija o kome je Bog propovjedao nije bio kralj sa zemaljskom vlašću i slavom. Mesija nije došao na ovu zemlju kako bi Božja djeca mogla da uživaju u bogatstvu, reputaciji i poštovanju za vrijeme njihovog privremenog života na ovoj zemlji. On je trebalo da dođe da spase Njegov narod od njihovih grijehova i da ih povede da uživaju u vječnoj radosti i slavi na nebu uvijek i zauvijek.

I u to će vrijeme za koren Jesejev, koji će biti zastava narodima, raspitivati narodi, i počivalište Njegovo biće slavno (Isaija 11:10).

Obećani Mesija nije trebalo da dođe samo kao Božji izbor Izraelcima već i da ispuni obećanje o spasenju za sve koji prihvate Božje obećanje o Mesiji sa vjerom prateći korake Avramove vjere. Ukratko, Mesija je trebalo da dođe da ispuni obećanje Božje o spasenju kao Spasitelj za sve nacije na zemlji.

Potreba za Spasiteljem za cijelo čovječanstvo

Zašto je Mesija trebao da dođe na ovaj svijet ne samo za spasenje ljudi Izraela već i takođe za cijelo čovječanstvo?

U Postanku 1:28, Bog je blagoslovio Adama i Evu i rekao im: *"Rađajte se i množite se, i napunite zemlju, i vladajte njom, i budite gospodari od riba morskih i od ptica nebeskih i od svih zvijeri što se miče po zemlji."*

Nakon što je stvorio prvog čovjeka Adama i postavio ga za gospodara nad svim stvorenjima, Bog je dao čovjeku vlast da „ukroti" i da „vlada nad" zemljom. Ali kad je Adam jeo sa drveta spoznaje dobra i zla, koje mu je Bog izričito zabranio i počinio grijeh u neposlušnosti u iskušenju Sotonom podstaknute zmije otrovnice, Adam više nije mogao da uživa u ovakvoj vlasti.

Kada su se povinovali riječima pravednosti Boga, Adam i Eva su bili robovi u pravednosti i uživali su u vlastima koje im je Bog dao, ali nakon što su zgriješili, oni su od tada postali robovi u grijehu i đavolu i bili su primorani da se odreknu vladavine (Poslanica Rimljanima 6:16). Prema tome, sva vladavina koju je Adam dobio od Boga bila je predata đavolu.

U Jevanđelju po Luki, neprijatelj đavo je iskušavao Isusa tri puta, koji je baš završio četrdesetodnevni post. Đavo je pokazao Isusu sva kraljevstva ovoga svijeta i Njemu rekao: „*Tebi ću dati svu vlast ovu i slavu njihovu, jer je meni predana, i kome ja hoću daću je. Ti, dakle, ako se pokloniš preda mnom biće sve Tvoje*" (Jevanđelje po Luki 4:6-7). Đavo implicira da „posjed i njena slava" su bile „predate meni" od Adama i đavo takođe može da preda i nekom drugom.

Da, Adam je izgubio svu vlast i predao ga je u ruke đavolu i kao rezultat toga postao je rob đavolu. Od tada Adam je dodavao grijeh nad grijehom pod vođstvom đavola i bio je smješten na put smrti što je plata za grijeh. Ovo se nije zaustavilo sa Adamom već je pogodilo sva njegova pokolenja, koji su nasledili Adamov praroditeljski grijeh kroz uticajno nasljedstvo. Oni su takođe bili stavljeni u vlast grijeha vođeno đavolom i Sotonom i osuđeni na smrt.

Ovo objašnjava neophodan dolazak Mesije. Ne samo Božjim odabranicima Izraelcima nego i svim ljudima je bio potreban Mesija koji će moći da ih izvede iz vlasti đavola i Sotone.

Kvalifikacije Mesije

Baš kao što postoje i zakoni na ovoj zemlji, postoji vlast i propisi u duhovnom kraljevstvu. Bilo da će osoba pasti u smrt ili će dobiti oproštaj od njegovih grijehova i dostići spasenje, zavisi od zakona duhovnog kraljevstva.

Koje vrste kvalifikacije osoba mora da zadovolji da bi postao Mesija i da bi spasio cijelo čovječanstvo od kletvi zakona?

Odredba koja se tiče kvalifikacija o Mesiji je nađena u Zakonu koji je Bog dao Njegovim izabranicima. Zakon je u vezi otkupa zemlje.

Ali da se zemlja ne prodaje za svagda, jer je moja zemlja, a vi ste došljaci i ukućani kod Mene. Zato po svoj zemlji države vaše neka se otkupljuju zemlje. Ako osiromaši brat tvoj i proda nešto od baštine svoje, a posle dođe ko od roda njegovog najbliži njemu da otkupi, neka otkupi šta brat njegov prodade (Levitski Zakonik 25:23-25).

Zakon o otkupu zemlje sadrži tajne o kvalifikacijama Mesije

Bog je odabrao Izraelce koji su poštovali zakon. Prema tome, za vreme transakcija da bi prodali ili kupili zemlju, oni su se striktno pridržavali zakona o otkupu zemljišta zapisanog u Bibliji. Za razliku od zakona o zemljištu u drugim zemljama, Izraelski zakon imao je jasan ugovor da zemlja ne može da se trajno proda i da može u kasnijim vremenima da se povrati. To obezbjeđuje da bogati srodnik može da povrati zemlju od člana njegove porodice koji je prodao. Ako osoba nema srodnika dovoljno bogatog da je povrati već on mora da povrati svoja sredstva dovoljno da bi je povratio, zakon dozvoljava pravom vlasniku zemlje da je sam povrati.

Kako, onda, se onda zakon o otkupljenju zemlje u Levitskom Zakoniku odnosi na Mesiju?

Kako bi ovo razumijeli bolje, mi moramo da imamo u mislima činjenicu da je čovjek stvoren od prašine sa zemlje. U Postanku 3:19 Bog govori Adamu: *"Sa znojem lica svog ješćeš hljeb, dokle se ne vratiš u zemlju od koje si uzet; jer si prah, i u prah ćeš se vratiti."* I čitamo u Postanku 3:23: *"Zbog toga ga GOSPOD Bog izagna iz vrta Edemskog da radi zemlju, od koje bi uzet."*

Bog je rekao Adamu: " jer si prah" i "zemlja" ima duhovno značenje da je čovjek stvoren od prašine sa zemlje. Tako da, zakon o otkupljenju zemljišta koji se odnosi na prodaju i kupovinu zemljišta, direktno se odnosi na zakon o duhovnom kraljevstvu koji se odnosi na spasenje čovječanstva.

U skladu sa zakonom o otkupljenju zemljišta, Bog posjeduje cijelu zemlju i nijedan čovjek ne može da je trajno proda. Na isti način, sva vlast koju je Adam dobio od Boga zapravo je pripadala Bogu i niko je prema tome ne može trajno prodati. Ako neko postane siromašan i trajno proda zemlju, zemlja treba da bude vraćena kada se pojavi prikladna osoba. Slično tome, đavo treba da vrati vlast koja mu je bila predata od Adama kada se pojedinac koji može da je povrati pojavi.

Zasnovano na zakonu u povraćaju zemljišta, Božja ljubav i pravda pripremila je pojedinca koji može da povrati svu vlast koju je Adam predao u ruke đavolu. Taj pojedinac je Mesija, a Mesija je Isus Hrist koji je bio pripremljen od vječnog i bio je poslat od Samog Boga.

Kvalifikacije Spasitelja i njihovo ispunjavanje kroz Isusa Hrista

Dozvolite nam da razjasnimo zašto je Isus Mesija i Spasitelj cijelog čovječanstva na osnovu zakona o otkupljivanju zemljišta.

Prvo, baš kao što otkupitelj mora biti srodnik, Spasitelj mora takođe biti čovjek koji će otkupiti cijelo čovječanstvo od njihovih grijehova zato što je cijelo čovječanstvo postalo grešno kroz grijehove prvog čovjeka Adama. Levitski Zakonik 25:25, nam kaže: *„Ako osiromaši brat tvoj i proda nešto od baštine svoje, a posle dođe ko od roda njegovog najbliži njemu da otkupi, neka otkupi šta brat njegov prodade."* Ako osoba ne može više da priušti sebi da zadrži zemlju i proda zemlju, njegov najbliži srodnik može da otkupi nazad zemlju. Na isti način, zato što je prvi čovjek Adam imao i predao vlast Bog mu je dao đavola, otkupljenje vlasti predato đavolu mora biti ispunjeno od strane čovjeka, Adamovog „najbližeg srodnika."

Kao što nailazimo u 1. Poslanici Korinćanima 15:21: *„Jer budući da kroz čovjeka bi smrt, kroz čovjeka i vaskrsenje mrtvih,"* Biblija nam potvrđuje da spasenje grešnika ne mora biti ispunjeno samo kroz anđele ili zvijeri već samo kroz čovjeka. Čovječanstvo je smješteno na put smrti zbog grijeha Adama, prvog čovjeka, neko drugi treba da ga otkupi od njihovog grijeha i samo čovjek koji slijedi, Adamov „najbliži srodnik" može to da uradi.

Iako Isus posjeduje ljudsku prirodu takođe i božanstvenu prirodu kao Sin Božji, On je bio rođen od ljudskog bića kako bi otkupio čovječanstvo od njihovih grijehova (Jevanđelje po Jovanu 1:14) i iskusio rast. Kao ljudsko biće, Isus je spavao i osjećao je glad, žeđ, radost i tugu. Kada je bio razapet na krstu, Isus je krvario i osjećao je nepodnošljiv bol.

Čak i u istorijskom kontekstu, postoji neporeciv dokaz koji svjedoči činjenici da je Isus došao na ovaj svijet kao ljudsko biće. Sa rođenjem Isusa kao referentna tačka, istorija svijeta je podeljena na dva dijela: „B.C." i „A.D." „B.C." ili „Before Christ" (prije Hrista) odnosi se na doba prije Hristovog rođenja a „A.D." ili „Anno Domini" („leta Gospodnjeg") odnosi se na vreme od Hristovog rođenja. Ova činjenica potvrđuje da je Isus došao na ovaj svijet kao čovjek. Prema tome, Isus zadovoljava prvu kvalifikaciju Spasitelja zato što je On došao na ovaj svijet kao čovjek.

Drugo, baš kao i otkupitelj zemljišta ne može da povrati zemlju ako je siromašan, pokolenja Adama ne mogu da otkupe čovječanstvo od njegovih grijehova zato što je Adam griješio i sva njegova pokolenja su rođena sa praroditeljskim grijehom. Osoba za Spasitelja cijelog čovječanstva ne smije da bude nasljednik Adama.

Ako brat želi da vrati dugove njegove sestre, on sam mora da bude bez bilo kakvih dugovanja. Na isti način, osoba da bi otkupila druge od njihovih grijehova mora takođe da bude bez grijehova. Ako je otkupitelj grešnik, on će sebe naći kao rob grijehova. Kako, onda, može on da otkupi druge od njihovih grijehova?

Nakon što je Adam počinio grijeh u neposlušnosti, svi njegovi nasljednici su bili rođeni sa praroditeljskim grijehom. Prema tome, nijedan nasljednik Adama nikada ne može biti Spasitelj.

Tjelesno govoreći, Isus je nasljednik Davida i Njegovi roditelji su Josif i Marija. Jevanđelje po Mateju 1:20, međutim nam govori: *„Jer ono što se u njoj začelo od Duha je Svetog."*

Razlog zbog kojeg je svaki pojedinac rođen sa praroditeljskim grijehom je zato što je on naslijedio od njegovih roditelja grešne osobine kroz očevu spermu i kroz majčine jajnike. Ipak, Isus nije začet od Josifove sperme i Marijinih jajnika već uz moć Svetog Duha. To je bilo zato što je ona postala trudna prije nego što su spavali zajedno. Svemogući Bog može da uzrokuje da dijete bude začeto uz moć Svetog Duha bez ujedinjenja sperme i jajnika.

Isus je samo „pozajmio" tijelo Marije djeve. Kako je On bio začet uz moć Svetog Duha, Isus nije naslijedio nikakve osobine griješnika. Kako Isus nije potomak Adama i kako je bez praroditeljskog grijeha, On takođe zadovoljava druge kvalifikacije Spasitelja.

Treće, baš kao što otkupitelj zemlje mora da bude dovoljno bogat da otkupi zemlju, Spasitelj cijelog čovječanstva mora da ima moć da pobjedi neprijatelja đavola i da spase čovječanstvo od đavola.

Levitski Zakonik 25:26-27 nam govori: *„Ako li ne bi imao nikoga da otkupi, nego bi se pomogao i zaglavio koliko treba za otkup, Onda neka odbije godine otkako je prodao, pa šta ostane neka isplati onom kome je prodao, i tako neka opet dođe do svoje baštine."* Drugim riječima, da bi osoba mogla da otkupi zemlju, on mora da posjeduje „sredstva" da bi to uradila.

Spasavanje ratnih zarobljenika zahtjeva da jedna strana treba da ima moć da pobjedi neprijatelja a vraćanje dugova drugih zahtjeva da svaki pojedinac treba da ima finansijska sredstva. Na isti način, izvođenje cijelog čovječanstva od vlasti đavola zahtjeva da Spasitelj treba da posjeduje moć da pobjedi đavola da bi ih spasio od đavola.

Pre njegovih grijehova, Adam je posjedovao moć da vlada nad svim stvorenjima, ali nakon što je zgriješio, Adam je postao predmet vlasti đavola. Iz ovog mi možemo zaključiti da moć da se pobjedi đavo dolazi od bezgrješnika.

Isus Sin Božji je u potpunosti bio bez grijeha. Zato što je Isus bio začet Svetim Duhom i nije bio potomak Adama, On je bio bez praroditeljskog grijeha. Šta više, zato što se On samo povinovao zakonu Božjem kroz Njegov život, Isus nije imao grijehove koje je On počinio. Iz ovog razloga Petar Apostol govori da Isus: *„grijeha ne učini, niti se nađe prevara u ustima Njegovim; koji ne psova kad Ga psovaše; ne preti kad strada; nego se oslanjaše na Onog koji pravo sudi"* (1. Petrova Poslanica 2:22-23).

Kako je On bio bez grijehova, Isus je imao moć i vlast da pobjedi đavola i imao je moć da spase čovječanstvo od đavola. Njegova brojna manifestovanja čudesnih znakova i čuda svjedoče o ovome. Isus je iscjeljivao bolesne ljude, istjerivao je demone, činio da slijepi progledaju, gluvi da čuju i da bogalji hodaju. Isus je čak i smirio uzburkano more i oživljavao je mrtve.

Činjenica da je Isus bio bez grijeha potvrđena je bez sumnje u Njegovom vaskrsenju. U skladu sa zakonom duhovnog kraljevstva, griješnici moraju da se suoče sa smrću (Poslanica Rimljanima 6:23). Kako je On bio bez grijehova međutim, Isus nije smješten pod moći smrti. On je izdahnuo na krstu i Njegovo tijelo je sahranjeno u grobnici ali trećeg dana On je vaskrso.

Imajte na umu da su takvi veliki očevi vjere kao što su Enoh i Ilija su bili uzdignuti na nebo živi bez da su se suočili sa smrću zato što su bili bez grijehova i postali su potpuno posvećeni. Slično tome, trećeg dana nakon što je bio sahranjen, Isus je razbio vlast đavola i Sotone kroz Njegovo vaskrsenje i postao je Spasitelj cijelog čovječanstva.

Četvrto, baš kao što otkupitelj zemlje mora da ima ljubav da bi otkupio zemlju za svog srodnika, Spasitelj čovječanstva mora takođe da posjeduje ljubav sa kojom On može da položi Njegov život za druge.

Čak iako Spasitelj zadovoljava prve tri kvalifikacije ranije spomenute ali nema ljubav, On ne može da postane Spasitelj čovječanstva. Pretpostavimo da brat ima dug od 100.000$ i da je njegova sestra multimilioner. Bez ljubavi, sestra neće platiti dug brata i njeno nevjerovatno bogatstvo neće značiti ništa za njenog brata.

Isus je došao na ovu zemlju kao ljudsko biće, nije bio potomak Adama i imao je moć da pobjedi đavola i da spasi čovječanstvo od đavola zato što nije imao ni malo grijeha. Međutim, da je Njemu nedostajala ljubav, Isus ne bi mogao da otkupi čovječanstvo od njihovih grijehova. „Isusovo otkupljenje čovječanstva od grijehova" znači da je On trebao da primi kaznu smrti u njihovo ime. Da bi Isus otkupio čovječanstvo od njihovih grijehova, On je morao da bude razapet kao jedan od najvećih griješnika na svijetu, da pati u svim vrstama prezira i ne poštovanja i da prolije Njegovu vodu i krv do smrti. Zato što je Isusova ljubav za čovječanstvo bila tako vatrena i zato što je On bio voljan da otkupi čovječanstvo od njihovih grijehova, ipak

Isus se nije brinou zbog kazne raspećem.

Zašto je onda Isus morao da visi na krstu i da proliva Njegovu krv do smrti? Kao što nam Knjiga Ponovljenih Zakona 21:23 govori: *"Jer je proklet pred Bogom ko je obešen,"* i u skladu sa zakonom duhovnog kraljevstva koje naređuje da je "Plata za grijeh je smrt," Isus je bio obešen na drvetu da bi otkupio čovječanstvo od prokletstva grijeha kome su se oni klanjali.

Šta više, kao što čitamo u Levitskom Zakoniku 17:11: *"Jer je duša tijelu u krvi; a ja sam vam je odredio za oltar da se čiste duše vaše; jer je krv što dušu očišća,"* ne postoji oproštaj od grijehova bez prolivanja krvi.

Naravno, Levitski Zakonik nam govori da fino brašno može biti ponuđeno Bogu umjesto krvi od životinja. Ovo upoređenje međutim, je za one koji nisu u stanju da ponude životinje. To nije bila vrsta ponude krvi sa kojom je Bog bio zadovoljan. Isus nas je otkupio od naših grijehova time što je obešen na drvenom krstu i krvario je do smrti na njemu.

Koliko je divna Isusova ljubav bila da je Isus prolio Njegovu krv na krstu i otvorio je put spasenja za one koji su Njega prozivali i razapeli, čak iako je On iscjeljivao ljude od svih vrsta bolesti, oslabio okove slabosti i činio samo dobro?

Zasnovano na zakonu o otkupu zemljišta, mi zaključujemo da samo Isus zadovoljava kvalifikacije Spasitelja koji može da otkupi čovječanstvo od njegovih grijehova.

Put spasenja čovječanstva pripremljeno prije vijekova

Put spasenja čovječanstva se otvorio kada je Isus umro na krstu i vaskrsao trećeg dana od Njegove sahrane i razbio vlast smrti. Isusov dolazak na ovu zemlju da bi ispunio proviđenje o spasenju čovječanstva i da postane Mesija za čovječanstvo je je predskazano u pravom času kada je Adam zgriješio.

U Postanku 3:15, Bog govori zmiji otrovnici koja je iskušavala ženu: „*I još mećem neprijateljstvo između tebe i žene i između sjemena tvog i sjemena njenog; ono će ti na glavu stajati a ti ćeš ga u petu ujedati.*" Ovde „žena" duhovno simbolizuje Božji odabir Izraelaca a „zmija otrovnica" označava neprijatelja đavola i Sotonu koji se protive Bogu. Kada sjeme „žene" će „pomodriti [zmiji otrovnici] glavu," to znači da će Spasitelj čovječanstva doći među Izraelce i pobjediće moć smrti neprijatelja đavola.

Zmija otrovnica postaje nemoćna jednom kada joj je glava povređena. Na isti način, kada je Bog rekao zmiji otrovnici da će sjeme žene pomodriti zmiji otrovnici glavu, On je prorokovao da će Hrist za čovječanstvo biti rođen od Izraela i da će uništiti vlast đavola i Sotone i spasiće griješnike koji su bili vezani za njihovu vlast.

Zato što je bio svjestan ovoga, đavo je pokušao da ubije sjeme žene prije nego što će On nanijeti štetu na njenoj glavi. Na ovaj način je đavo vjerovao da će on uživati zauvijek u vlasti koja mu je bila predata od neposlušnog Adama samo ako ubije sjeme žene. Neprijatelj đavo, međutim, nije znao čije će sjeme biti od žene i počeo je da pravi zavjeru da ubije Božje odane i voljene proroke čak još od početka vremena Starog Zavjeta.

Kada je Mojsije bio rođen, neprijatelj đavo je podsticao faraona Egipta da ubije svu mušku prvorođenu djecu Izraelskih žena (Izlazak 1:15-22), a kada je Isus došao na ovu zemlju u tijelu, pokrenuo je srce kralja Iroda i natjerao ga je da ubije svu mušku djecu koja su bila u Vitlejemu i okolini, od druge godine pa naviše. Iz ovog razloga, Bog je činio za Isusovu porodicu i poveo ih da pobjegnu iz Egipta.

Nakon toga Isus je odrastao pod zaštitom Samog Boga i počeo je sa Njegovom službom u 30. godini. U skladu sa Božjom voljom, Isus je išao po cijeloj Galileji, učio je u njihovim sinagogama, iscjeljivao je od svih vrsta bolesti i svaku vrstu bolesti među ljudima, oživljavao je mrtve, propovjedao jevanđelje o kraljevstvu neba siromašnim ljudima.

Đavo i Sotona su podsticali glavne svještenike, pisare i Fariseje i počeli su da kuju zavjeru da kroz njih ubiju Isusa. Ali oni zli nisu čak ni mogli da dodirnu Isusa sve do vremena Božjeg izbora. Tek krajem Isusovog trogodišnjeg službovanja je Bog dozvolio njima da uhapse i razapnu Isusa da bi ispunio proviđenje o spasenju čovječanstva kroz Isusovo raspeće.

Podlegavši pritisku Jevreja, Rimski guverner Pontije Pilat osudio je Isusa na raspeće i prema tome rimski vojnici su Isusa krunisali sa bodljikavom žicom i na krstu zabijali su mu eksere na rukama i nogama.

Razapeće je bilo jedno od najokrutnijih metoda da se pogubi

kriminalac. Kada je đavo uspio u tome da je Isus razapet na ovakav okrutan način od strane zlog čovjeka, koliko se samo đavo radovao tome! On je očekivao da niko više i ništa više ne može da obori njegovu vlast nad svijetom i pjevao je radosne pjesme sa igrom. Ali Božja promisao će se ovde naći.

Ali premudrost govorimo koja je u savršenima, a ne premudrost vijeka ovog ni knjazova vijeka ovog koji prolaze; nego govorimo premudrost Božju u tajnosti sakrivenu, koju odredi Bog prije svijeta za slavu našu; koje nijedan od knjazova vijeka ovog ne pozna; jer da su je poznali, ne bi Gospoda slave razapeli (1. Poslanica Korinćanima 2:7-8).

Zato što je Bog pravda, on ne vrši potpuni vlast do te mjere da krši zakon već čini sve u skladu sa zakonom duhovnog kraljevstva. Prema tome, on je raskrčio put u spasenju čovječanstva prije vremena u skladu sa zakonom Božjim.

U skladu sa zakonom duhovnog kraljevstva, gdje se kaže da je „plata za grijeh smrt" (Poslanica Rimljanima 6:23), ako jedan pojedinac ne griješi, on ne može da dostigne smrt. Međutim, đavo je razapeo bezgriješnog, neokaljanog i besprekornog Isusa. Đavo je međutim prekršio zakon o duhovnom kraljevstvu i morao je da plati kaznu vraćanjem Adamove vlasti koja bu je bila predata nakon što je počinio grijeh neposlušnosti. Drugim riječima, đavo je sada bio prisiljen da se odrekne njegovog čekanja na ljude koji će prihvatiti Isusa kao njihovog Spasitelja i koji će vjerovati u Njegovo ime.

Da je đavo znao za ovu mudrost Božju, on ne bi razapeo Isusa. Međutim zato što nije imao ideju o ovoj tajni, on je ubio bezgriješnog Isusa, čvrsto vjerujući da će da to osigurati njegovo grabljenje svijeta zauvijek. Ali u stvarnosti đavo je pao u sopstvenu zamku i završio je tako što je prekršio zakon duhovnog kraljevstva. Koliko je veličanstvena Božja mudrost!

Istina je da je neprijatelj đavo postao predmet u ispunjavanju Božjeg proviđenja o spasenju čovječanstva i kao što je propovedano u Postanku njegova glava je „pomodrela" sa sjemenom žene.

Sa Božjim proviđenjem mudrosti, bezgriješni Isus je umro kako bi otkupio cijelo čovječanstvo od njihovih grijehova i vaskrsenjem na treći dan, On je probio vlast nad smrti neprijatelja đavola i postao je Kralj kraljeva i Gospod gospodara. On je otvorio vrata spasenja kako bi mi mogli da postanemo jednaki kroz vjeru u Isusa Hrista.

Prema tome, brojni ljudi kroz istoriju čovječanstva su bili spašeni kroz vjeru u Isusa Hrista i mnogo više njih danas prihvataju Gospoda Isusa Hrista.

Primanje Svetog Duha kroz vjeru u Isusa Hrista

Zašto mi dobijamo spasenje kada vjerujemo u Isusa Hrista? Odmah nakon što prihvatimo Isusa Hrista kao našeg Spasitelja, mi dobijamo Svetog Duha od Boga. Kada mi dobijemo Svetog Duha, naše duše, koje su bile mrtve, oživljavaju. Kako je Sveti

Dug moć i srce Boga, Sveti Duh vodi Božju djecu ka istini i pomaže im da žive po volji Božjoj.

Na ovaj način, oni koji zaista vjeruju da će Isus Hrist biti njihov Spasitelj pratiće želje Svetog Duha i boriće se da žive po Božjoj riječi. Oni će osloboditi sebe od mržnje, preke naravi, ljubomore, ljutnje osuđivanja i optuživanja drugih i prevare i umjesto toga hodaće u dobroti i istini i razumijeće, služiće i voleće druge.

Kao što je ranije spomenuto, kada je prvi čovjek Adam zgriješio i jeo sa drveta spoznaje dobra i zla, duh u čovjeku je umro i čovjek je smješten na put ka uništenju. Ali kada mi dobijemo Svetog Duha, naš mrtvi duh će da oživi onoliko koliko tražimo želje Svetog Duha i koračamo u riječima Istine Boga, mi ćemo uveliko postati ljudi od istine i povratićemo izgubljenu sliku Boga.

Kada mi hodamo u riječima istine Božje, naša vjera će biti prepoznata kao „iskrena vjera" i zato što će naši grijehovi biti pročišćeni sa krvlju Isusa u skladu sa našim djelima u vjeri, mi možemo da dobijemo spasenje. Iz tog razloga 1. Jovanova Poslanica 1:7 nam govori: *„Ako li u videlu hodimo, kao što je On sam u vidjelu, imamo zajednicu jedan s drugim, i krv Isusa Hrista, Sina Njegovog, očišćava nas od svakog grijeha."*

Na ovaj način mi dostižemo spasenje sa vjerom nakon što dobijamo oproštaj od naših grijehova. Međutim, ako mi hodamo u grijehu uprkos našem priznanju o vjeri, to priznanje je laž i prema tome, krv našeg Gospoda Isusa Hrista ne može da nas otkupi od naših grijehova niti On može da nam garantuje spasenje.

Naravno, to je drugačija priča za ljude koji su tek primili Isusa Hrista. Čak iako oni još ne hodaju u istini, Bog će ispitati njihovo srce, vjerovaće da će oni biti transformisani i povešće ih ka spasenju dok se oni bore da hodaju ka istini.

Isus ispunjava proročanstvo

Božja riječ o Mesiji prorokovana kroz proroke je ispunjena kroz Isusa. Svaki pregled o Isusovom životu, od Njegovog rođenja, službovanja pa do Njegovog razapeća i vaskrsenja, bila je promisao Božja za Njega da postane Mesija i Spasitelj za cijelo čovječanstvo.

Isus rođen iz djevice u Vitlejemu

Bog je prorokovao rođenje Isusa kroz proroka Isaiju. Za vrijeme Božjeg odabira, moć Božja Uzvišenoga sišla je na čistu ženu nazvanu Marija u nazaretu u Galileji i ona uskoro postaje trudna sa djetetom.

> *Zato će vam sam Gospod dati znak; Eto djevica će zatrudnjeti i rodiće Sina, i nadenuće Mu ime Emanuilo* (Isaija 7:14).

Baš kao što je Bog obećao ljudima Izraela: „Neće postojati kraj reda kraljeva u kući Davidovoj," On je učinio da Mesija dođe kroz ženu nazvanu Marija, koja će biti udata za Josifa, potomka Davida. Kako Adamovi potomci rođeni sa praroditeljskim grijehom ne mogu da otkupe čovječanstvo o njihovih griehova, Bog je ispunio proročanstvo time što je načinio da Marija djevica rodi Isusa prije nego što se se ona i Josif vjenčali.

A ti, Vitlejeme Efrato, ako i jesi najmanji među hiljadama Judinim, iz tebe će mi izaći koji će biti Gospodar u Izrailju, kome su izlasci od početka, od vječnih vremena (Mihej 5:2).

Biblija je prorokovala da će Isus biti rođen u Vitlejemu. Odista, Isus je rođen u Vitlejemu u Judei za vreme kralja Iroda (Jevanđelje po Mateju 2:1) i istorija svjedoči o ovom događaju.

Kada se Isus rodio, kralj Irod se plašio pretnja o njegovoj vladavini i pokušao je da ubije Isusa. Međutim, pošto nije mogao da pronađe bebu, kralj Irod je ubijao svu djecu u Vitlejemu i njegovoj okolini, od dve godine i stariju i zbog toga se se čuli vrisci i plač u cijelom regionu.

Da Isus nije došao na ovaj svijet kao pravi kralj Jevreja, zašto bi onda kralj žrtvovao toliko mnogo djece da bi ubio samo jednu bebu? Ova tragedija se dogodila zato što je neprijatelj đavo žudio da ubije Mesiju zbog straha da će izgubiti vlast nad svijetom i dotakao je srce kralja Iroda koji se plašio da će izgubiti krunu i dozvolio mu je da počinio ovakav zločin.

Isus svjedoči o živom Bogu

Prije nego što je počeo sa Njegovim službovanjem, Isus se

u potpunosti pridržavao zakona za svih 30 godina Njegovog života. I kada je On postao dovoljno star da postane svještenik, On je počeo da obavlja Njegovo službovanje da bi postao Mesija kao što je planiramo prije vijekova.

Duh je GOSPODA Boga na meni, jer me GOSPOD pomaza da javljam dobre glasove krotkima, posla me da zavijem ranjene u srcu, da oglasim zarobljenima slobodu i sužnjima da će im se otvoriti tamnica; Da oglasim godinu milosti GOSPODNJE i dan osvete Boga našeg, da utješim sve žalosne, Da učinim žalosnima u Sionu i dam im nakit mjesto pepela, ulje radosti umjesto žalosti, odjelo za pohvalu umjesto duha tužnog. Da se prozovu hrastovi pravde, sad Gospodnji za slavu Njegovu (Isaija 61:1-3).

Kao što u gore navedenom proročanstvu nailazimo, Isus je rješavao sve životne probleme uz moć Božju i ugađao je slomljenim srcima. I kada je vrijeme Božjeg odabira došlo, Isus je otišao u Jerusalim da bi patio u stradanju.

Raduj se mnogo, kćeri sionska! Podvikuj, kćeri jerusalimska! Evo, Car tvoj ide k tebi, pravedan je i spasava, krotak i jaše na magarcu, i na magaretu, mladetu magaričinom (Zaharija 9:9).

Po Zaharijevom proročanstvu, Isus je ušao u grad Jerusalim

jašući magarca. Kao što je kolona vikala: *„Osana Sinu Davidovom! Blagosloven koji ide u ime Gospodnje! Osana na visini!"* (Jevanđelje po Mateju 21:9), i tamo je bilo uzbuđenje kroz grad. Ljudi su se radovali na ovaj način zato što je Isus manifestovao čudesne znakove i čuda kao što je hodanje po vodi i oživljavanje mrtvih. Uskoro, međutim će ova kolona Njega izdati i razapeti.

Kada su vidjeli kolika kolona prati Isusa da bi čuli Njegove riječi o vlasti i manifestovanja Božje moći, svještenici, fariseji i pisari osjetili su da je njihova pozicija pod pretnjom. Od surove mržnje prema ovom Isusu, oni su planirali da Ga ubiju. Oni su uzrokovali sve vrste lažnih dokaza protiv Isusa i Njega optužili su Ga da podstiče i obmanjuje ljude. Isus je prikazivao veličanstvena djela Božje moći koja drugačije ne bi mogla da budu izvedena osim ako Bog Sam nije uz Njega, ali su pokušavali da se otarase Isusa.

Na kraju, jedan od Isusovih učenika je Njega izdao i svještenici su mu platili trideset srebrnjaka što im je pomogao da uhapse Isusa. Zaharijevo proročanstvo o isplaćenim trideset srebrnjaka, koje kaže: *„I uzevši trideset srebrnika bacih ih u dom Gospodnji lončaru"* bilo je ispunjeno (Zaharija 11:12-13).

Kasnije čovjek koji je izdao Isusa za trideset srebrnjaka nije mogao da prevaziđe osjećaj krivice i bacio je trideset srebrnjaka u sveti hram ali svještenici su potrošili taj novac da bi kupili „lončarevu zemlju" (Jevanđelje po Mateju 27:3-10).

Stradanje i smrt Isusa

Kao što je prorok Isaija prorokovao, Isus je patio u Stradanju kako bi spasio sve ljude. Zato što je Isus došao na ovu zemlju da bi ispunio proviđenje o otkupljenju Njegovih ljudi od njihovih grijehova, On je bio obješen i umro je na drvenom krstu što je bilo simbol prokletstva i bio je žrtvovan Bogu kao ponuđena žrtva za čovječanstvo.

A On bolesti naše nosi i nemoći naše uze na se, a mi mišljasmo da je ranjen, da Ga Bog bije i muči. Ali On bi ranjen za naše prestupe, izbijen za naša bezakonja; kar bijaše na Njemu našeg mira radi, i ranom Njegovom mi se iscjelismo. Svi mi kao ovce zađosmo, svaki nas se okrenu svojim putem, i GOSPOD pusti na Nj bezakonje svih nas. Mučen bi i zlostavljen, ali ne otvori usta svojih; kao jagnje na zaklanje vođen bi i kao ovca nema pred onim koji je striže ne otvori usta svojih. Od teskobe i od suda uze se, a rod Njegov ko će iskazati, Jer se istrže iz zemlje živih i za prestupe naroda mog bi ranjen? Odrediše Mu grob sa zločincima, ali na smrti bi s bogatim, jer ne učini nepravdu, niti se nađe prevara u ustima Njegovim. Ali GOSPODU bi volja da Ga bije, i dade Ga na muke; kad položi dušu svoju u prinos za grijeh, videće natražje, produžiće dane, i šta je GOSPODU ugodno napredovaće Njegovom rukom (Isaija 53:4-10).

Za vrijeme Starog Zavjeta, krv životinja je nuđena Bogu svaki put kada bi pojedinac griješio protiv Njega. Ali Isus je prolio čistu krv koja uključuje niti praroditeljski grijeh nisi samo počinjeni grijeh i „ponudio je jednu žrtvu za grešnike svih vremena" tako da svi ljudi mogu da dobiju oproštaje od njihovih grijehova i idu u vječni život (Poslanica Jevrejima 10:11-12). Prema tome, On je raskrčio put za oproštaje od grijehova i spasenje kroz vjeru u Isusa Hrista i mi više ne moramo da prinosimo žrtve od krvi životinja.

Kada je Isus ispustio Njegov zadnji dah na krstu, crkvena zavjesa se razdvojila na dva djela od vrha ka dnu (Jevanđelje po Mateju 27:51). Crkvena zavjesa je bila veliki zastor koja je odvajala Svetinju nad svetinjama u Svetim mjestima u hramu i obični ljudi nisu mogli da ulaze na Sveta mjesta. Samo visoki svještenici su mogli da ulaze u Svetinje nad svetinjama jednom godišnje.

Činjenica da se „crkvena zavjesa razdvojila na dva djela od vrha ka dnu" simbolizuje da kada je On žrtvovao Sebe kao žrtvu Isus je uništio griješni zid koji je stajao između Boga i nas. U vremenu Starog Zavjeta visoki svještenici morali su da prinose žrtve Bogu zbog iskupljenja ljudi Izraela od njihovih grijehova i molili su se Bogu u njihovo ime. Sada kada je zid grijeha koji je stojao između nas i Boga uništen, mi možemo sami da komuniciramo sa Bogom. Drugim riječima, svako ko vjeruje u Isusa Hrista može da uđe u sveti hram Božji i da Njemu služi i da se Njemu tamo moli.

Zato ću Mu dati dio za mnoge, i sa silnima će dijeliti

plen, jer je dao dušu svoju na smrt, i bi metnut među zločince, i sam nosi grijehe mnogih, i za zločince se moli (Isaija 53:12).

Baš kao što je prorok Isaija zapisao o Stradanju i razapeću Mesije, Isus je umro na krstu zbog grijehova svih ljudi ali je nabrajao za prestupnike. Čak i dok je umirao na krstu, On je molio Boga da oprosti onima koji su Njega razapeli.

Oče, oprosti im; jer oni ne znadu šta čine (Jevanđelje po Luki 23:34).

Kada je umro na krstu, proročanstvo u Psalmima: *„Čuva Gospod sve kosti njegove, ni jedna se od njih neće slomiti"* (Psalmi 34:20) je ispunjeno. Mi možemo naići na njegovo ispunjavanje u Jevanđelju po Jovanu 19:32-33: *„Onda dođoše vojnici, i prvom dakle prebiše noge, i drugom raspetome s Njim; a došavši na Isusa, kad Ga videše da je već umro, ne prebiše Mu noge."*

Isus ispunjava Njegovo službovanje jer postaje Mesija

Isus je držao grijehove čovječanstva na krstu i umro je od njih kao sama žrtva ali ispunjenje proročanstva o spasenju nije bilo kroz Isusovu smrt.

Kao što je prorokovano u Psalmima 16:10: *„Jer nećeš*

ostaviti dušu moju u paklu, niti ćeš dati da Svetac Tvoj vidi trulost," i u Psalmima 118:17: *"Neću umrijeti, nego ću živ biti, i kazivati djela GOSPODNJA,"* Isusovo tijelo nije istrulelo i On je vaskrso trećeg dana.

Kako je nadalje prorokovano u Psalmima 68:18: *"Ti si izašao na visinu, doveo si roblje, primio darove za ljude, a i za one koji se protive da ovdje nastavaš, GOSPODE Bože,"* Isus se uzdigao na nebo i čeka poslednje dane u kojima će On u potpunosti ispuniti kultivaciju čovječanstva i povešće Njegove ljude na nebo.

Lako je sada zapisano da sve što je Bog prorokovao za Mesiju kroz Njegove proroke je u potpunosti ispunjeno kroz Isusa Hrista.

Smrt Isusa i proročanstva o Izraelu

Božji odabrani Izraelci nisu prepoznali Isusa kao Mesiju. Ipak, Bog nije odustao od ljudi koje je On odabrao i ispunjava danas Njegovo proviđenje u spasenju Izraela.

Čak i kroz Isusovo razapeće, Bog je prorokovao budućnost Izraela i ovo je zbog Njegove iskrene ljubavi za njih i želje za njih da vjeruju u Mesiju koga je Bog poslao i da dostignu spasenje.

Patnja zbog Izraela koji je razapeo Isusa

Iako je rimski guverner Pontije Pilat osudio Isusa na razapeće, bili su to Jevreji koji su nagovarali Pilata da donese takvu odluku. Pilat je bio svjestan da nije postojala osnova za koju bi ubio Isusa ali većina ga je ubjedila, vikala je o Isusovom razapeću, do te mjere da je učinio naredbu.

Odlučan u svojoj odluci da razapne Isusa, Pilat je uzeo vodu i oprao je njegove ruke ispred mase ljudi i rekao im je: „Ja nisam kriv u krvi ovog pravednika: vi ćete vidjeti" (Jevanđelje po Mateju 27:24). U odgovoru, Jevreji su vikali: „Njegova krv će biti na nama i našoj djeci!" (Jevanđelje po Mateju 27:25)

U 70. godinama nove ere, Jerusalim je pripao rimskom generalu Titu. Hram je bio uništen i preživjeli su bili primorani da napuste svoju rodnu zemlju i bili su rastureni po svijetu. Prema tome Dijaspora je počela i trajala je skoro oko 2000. godina. Za vreme ovog perioda Dijaspore mjera mučenja ljudi Izraela koju su trpeli ne može biti adekvatno opisana riječima.

Kada je Jerusalim pao, oko 1. milion Jevreja je zaklano a za vrijeme II Svetskog rata oko šest miliona Jevreja je masakrirano od strane nacista. Kada su ih nacisti masakrirali, Jevreji su skidani do gole kože i ovo je podsjećalo na vrijeme kada je Isus bio go razapet.

Naravno, sa izraelske tačke gledišta, oni mogu da se raspravljaju da njihova patnja nije rezultat toga što su oni razapeli Isusa. Gledajući nazad na istoriju Izraela, međutim, lako možemo primjetiti da je Izrael i njegov narod bio zaštićen od Boga i da je cvjetao kada su živjeli po volji Božjoj. Kada su sebe udaljili od Božje volje, Izraelci su bili kažnjeni i predmet patnje i iskušenja.

Tako da mi znamo da Izraelska patnja nije bila bez razloga. Ako je razapeće Isusa bilo prikladno iz pogleda Božjeg, zašto bi Bog ostavio Izrael u sredini neprestanih i surovih patnji tako dugo vremena?

Isusova spoljna haljina i tunika i budućnost Izraela

Još jedan incident koji nagovještava stvari koje će se desiti Izraelu se događa na mjestu Isusovog raspeća. Kao što čitamo u Psalmima 22:18: „*Djele haljine moje među sobom, i za dolamu moju bacaju žreb,*" rimski vojnici su uzeli njegovu haljinu i podijelili je na četiri dijela, dio za svakog vojnika, dok su za

Njegovu tuniku bacali kocku i jedan od vojnika je uzeo.

Kako se ovaj događaj odnosi na budućnost Izraela? Kako je Isus Kralj Jevreja, Isusova spoljašnja haljina duhovno simbolizuje Božji odabir, državu Izrael i njen narod. Kada se Isusova spoljna haljina podjelila na četiri djela i izgled te spoljne haljine je nestao, ovo nagoveštava uništenje države Izrael. Međutim, zato što je tkanina od spoljašnje haljine ostala, događaj prorokuje da čak iako država Izrael nestane, ime „Izrael" će ostati.

Kakvo je značenje ove činjenice da su rimski vojnici uzeli Isusovu spoljnu haljinu i napravili od toga četiri dijela, dio za svakog vojnika? Ovo znači da će ljudi Izraela stradati od Rimljana i da će biti rastureni. Ovo prorokovanje je takođe bilo ispunjeno sa padom Jerusalima i sa uništenjem države Izrael, što je primoralo Jevreje da se rasture u različite dijelove svijeta.

O Isusovoj tuniki, u Jevanđelju po Jovanu 19:23 čitamo: *„A dolama bijaše bešavna, izatkana u jednom komadu."* Činjenica da je Njegova tunika „bezšavna" znači da nikakvi višestruki slojevi tkanine nisu šiveni zajedno da bi se napravio ovakav komad odjeće.

Većina ljudi ne razmišlja mnogo o tome kako je tkana njihova odjeća. Zašto onda, Biblija zapisuje do detalja strukturu Isusove haljine? U ovome je proročanstvo događaju koji će se dogoditi ljudima Izraela.

Isusova tunika simbolizuje srce ljudi Izraela, srce sa kojim su oni služili Bogu. Činjenica da je tunika bila „bezšavna, tkana iz jednog parčeta" označava Izraelovo srce prema Bogu koje je trajalo od njihovog predaka Jakova i nije pokleklo u nikakvim okolnostima.

Kroz dvanaest plemena koje je pratilo vreme Avrama, Isaka i Jakova oni su stvorili naciju i ljudi Izraela su održavali post u svojoj čistoti kao nacija koja se nije miješala u brakovima sa Jevrejima. Nakon što su se podijelili u kraljevstvo Izraela na sjeveru i kraljevstvo Judeje na jugu, ljudi u sjevernom kraljevstvu su se miješali sa brakovima ali Judeja je ostala homogena nacija. Čak i danas, Jevreji održavaju njihov identitet koji datira još od vremena očeva vjere.

Zbog toga, iako je Isusova spoljna haljina napravljena u četiri dijela, Njegova tunika je ostala netaknuta. Ovo označava da iako će izgled države Izraela možda nestati, srca ljudi Izraela prema Bogu i njihova vjera u Njega ne može da iščezne.

Zato što oni imaju ovo nepokolebljivo srce, Bog je njih izabrao kao Njegov odabir i kroz njih On je ispunjavao Njegov plan i volju do današnjeg dana. Čak i nakon što je prošlo hiljadu godina, ljudi Izraela se striktno pridržavaju zakona. Ovo je zato što su oni nasljedili Jakovljevo nepromjenljivo srce.

Kao rezultat, skoro 1900. godina kasnije nakon što su izgubili svoju državu, ljudi Izraela šokirali su svijet deklaracijom o njihovoj nezavisnosti i obnovom njihove državnosti Maja 14. 1948. godine.

Jer ću vas uzeti iz naroda, i pokupiću vas iz svih zemalja, i dovešću vas u vašu zemlju (Jezekilj 36:24).

I nastavaćete u zemlji koju sam dao ocima vašim, i bićete mi narod i ja ću vam biti Bog (Jezekilj 36:28).

Kao što je već prorokovano u Starom Zavjetu: „Posle mnogo vremena bićeš pohođen, i poslednjih godina," ljudi Izraela počeli su da se okupljaju u Palestini i učvrstili su državu ponovo (Jezekilj 38:8). Šta više, razvijanjem u jednoj od svjetskih najmoćnijih zemalja, Izrael je još jednom potvrdio ostatku svijeta svoje glavne osobine kao nacija.

Bog želi da se Izrael pripremi za Isusov dolazak

Bog želi da novo obnovljeni Izrael podsjeti i pripremi na Povratak Mesije. Isus je došao u zemlju Izrael prije oko 2000 godina, potpuno je ispunio proviđenje o spasenju za čovječanstvo i postao je Spasitelj i Mesija za njih. Kada se On uzdigao na nebo, On je obećao da će se vratiti i sada Bog želi da Njegovi odabranici čekaju na povratak Mesije sa iskrenom vjerom.

Kada Mesija Isus Hrist dođe ponovo, On neće doći u zapuštenoj štali niti će morati da pati u kazni na krstu na način na koji je On već patio pre dvije hiljade godina. Umjesto toga, On će se pojaviti komandujući nad nebeskom vojskom i anđelima i vratiće se na ovaj svijet kao Kralj kraljeva u slavi Božjoj koji će cio svijet vidjeti.

Eno, ide s oblacima, i ugledaće Ga svako oko, i koji Ga probodoše; i zaplakaće za Njim sva kolena zemaljska. Da, zaista (Otkrivenje Jovanovo 1:7).

Kada suđeno vrijeme dođe, svi ljudi, vjernici i isto i nevjernici, će vidjeti Gospodov povratak u vazduhu. Na taj dan, svi oni koji veruju Isusu kao Spasitelju celog čovečanstva biće uzdignuti gore u oblake i učestvovaće na Svadbenom banketu u vazduhu, ali oni drugi biće ostavljeni iza u žalosti.

Kako je Bog stvorio prvog čovjeka Adama i kako je počela kultivacija čovječanstva, tome će svakako postojati kraj. Baš kao što seljak sadi sjeme i žanje žetvu, postojaće takođe i vrijeme žetve kultivacije čovječanstva. Božja kultivacija čovječanstva biće završena sa Drugim događajem Mesije Isusa Hrista.

Isus nam govori u Otkrivenju Jovanovom 22:7: *„Evo ću doći skoro. Blago onome koji drži riječi proroštva knjige ove."* Naše vrijeme su poslednji dani. U Njegovoj neizmjernoj ljubavi za Izrael, Bog održava prosvetljenim Njegov narod kroz njihovu istoriju tako da bi oni mogli da prihvate Mesiju. Bog iskreno želi da ne samo Njegov odabrani Izrael već cijelo čovječanstvo primi Isusa Hrista prije kraja kultivacije čovječanstva.

Jevrejska Biblija, hrišćanima poznata kao Stari Zavjet

Poglavlje 3

Bog u koga Izraelci vjeruju

Zakon i tradicija

Dok je Bog vodio Njegov odabran narod, Izrael, van Egipta i u obećanu zemlju Kana, On je sišao na vrh planine Sinaj. Onda je GOSPOD Bog pozvao Mojsija, vođu Izlaska, Sebi i rekao mu je da svejštenici treba da budu sami osvješatni kada prilaze Bogu. U nastavku, Bog daje ljudima Deset Zapovjesti i mnogo drugih zakona kroz Mojsija.

Kada je Mojsije zvanično ispričao i sve riječi i naredbe od Boga ljudima, oni su odgovorili jednim glasom i rekli: *„Činićemo sve što je rekao Gospod"* (Izlazak 24:3). Ali dok je Mojsije bio na planini Sinaji u skladu sa pozivom Božjim, ljudi su dali Aronu da napravi tele i počinili su veliki grijeh u služenju idolu.

Kako je to mogao biti Božji odabran narod a da je počinio tako veliki grijeh? Svi ljudi još od Adama, koji su počinili grijeh u nepokornosti, su potomci Adama i svi su rođeni sa grešnom prirodom. Oni su primorani da griješe prije nego što su postali posvećeni kroz pročišćavanje srca. Zbog toga je Bog poslao Njegovog jedinog Sina Isusa i kroz Isusovo razapeće On je otvorio kapiju kroz koju čovječanstvu može biti oprošteno od njihovih grijehova.

Zašto je onda Bog dao narodu zakon? Deset Zapovjesti koje je Bog dao njima kroz Mojsija, naredbe i uredbe su poznate kao zakon.

Kroz zakon Bogih vodi u Zemlju u koju teče med i mlijeko

Razlog i namjera da Bog daje ljudima Izraela zakon o Izlasku iz Egipta je da bi oni mogli da uživaju u blagoslovima sa kojima mogu da uđu u zemlju Kana, zemlju u kojoj teče med i mlijeko. Ljudi su dobili zakon direktno od Mojsija ali oni nisu održali obećanje prema Bogu i počinili su mnogo grijehova koje uključuju služenje idolu i preljubu. Na kraju, većina njih je umrla u svojim grijehovima dok je živjela u pustinji četrdeset godina.

Knjiga Ponovljenih Zakona zabilježena je po zadnjim riječima Mojsija i istražuje Božje zavjete i zakone. Kada je većina prve generacije Izlazka izuzev Haleva i Isusa Navina umrla i kada je vrijeme u napuštanju naroda Izraela došlo, Mojsije je revnosno naređivao drugoj i trećoj generaciji Izlaska da vole Boga i da se povinuju Njegovim Zapovjestima.

Sada, dakle, Izrailju, šta ište od tebe GOSPOD Bog tvoj, osim da se bojiš GOSPODA Boga svog, da hodiš po svim putevima Njegovim i da Ga ljubiš i služiš GOSPODU Bogu svom iz sveg srca svog i iz sve duše svoje, držeći zapovjesti GOSPODNJE i uredbe Njegove, koje ti ja danas zapovijedam, da bi ti bilo dobro? (Knjiga Ponovljenih Zakona 10:12-13)

Bog je dao njima zakon zato što je On želio da se oni samovoljno tome povinuju iz srca i da potvrde njihovu ljubav za Boga kroz njihovu pokornost. Bog njima nije dao zakon da bi ih ograničio ili da bi ih na sve obavezao, već je On želio da prihvati njihova srca u pokornosti i da im da blagoslove.

I neka ove riječi koje ti je zapovijedam danas budu u srcu tvom. I često ih napominji sinovima svojim, i govori o njima kad sjediš u kući svojoj i kad ideš putem, kad liježeš i kad ustaješ. I veži ih sebi na ruku za znak, i neka ti budu kao počeonik među očima. I napiši ih na dovratnicama od kuće svoje i na vratima svojim (Knjiga Ponovljenog Zakonika 6:6-9).

Kroz ove stihove, Bog im govori kako da gaje zakon u njihovim srcima, uči ih kako da ga praktikuju. Kroz vijekove, Božje zapovijesti i uredbe napisane kao u pet knjiga Mojsijevih još uvijek su zapamćene i zadržane ali usredsređenost u poštovanju zakona je spoljašnje izražena.

Zakon i tradicija vođa

Na primjer, zakon zapovijeda da se Sabat mora održavati

svetim a starješine su uređivale mnogo detaljnije tradiciju koja je mogla da razvije poštovanje prema zapovjestima kao što je zabrana korišćenja automatskih vrata, liftova i pokretnih stepeništa do otvaranja poslovnih pisama, putnih isprava i drugih paketa. Kako je tradicija starješina došla do toga?

Kada je Božji hram uništen i kada su ljudi Izraela bivali odvedeni u Vavilonsko ropstvo, oni su mislili da se to dogodilo zato što nisu uspjeli da služe Bogu iz sveg srca. Oni su željeli da služe Bogu mnogo ispravnije i da primenjuju zakon u situacijama koje su se mijenjale kroz vrijeme, tako da su oni napravili mnogo jasne propise.

Ovi propisi su bili zasnovani sa ciljem da se služi Bogu cijelim srcem. Drugim riječima, oni su postavili mnogo jasne propise koji detališu svaki pogled života kako bi mogli da se pridržavaju zakona u svojim svakodnevnim životima.

Ponekad je jasan propis imao ulogu da zaštiti zakon. Ali, kako je vrijeme prolazilo oni su izgubili pravo značenje utisnuto u zakonu i pridali su veliku važnost u spoljašnjem Izražavanju održavanog zakona. Na ovaj način oni su se udaljili od pravog značenja zakona.

Bog vidi i prihvata srce svakoga u održavanju zakona radije nego da pridaje važnost na spoljašnje izražavanje u održavanju zakona u djelima. Tako da, On je postavio zakon kako bi tražio one koji Njega zaista poštuju i da da blagoslove onima koji se Njemu povinuju. Iako se čini da su mnogi ljudi u Starom Zavjetu održavali zakon, u isto vrijeme su postojali mnogi i koji su ga kršili.

„Ko je među vama koji bi zatvorio vrata ili zapalio oganj na mom oltaru nizašta? Niste mi mili, veli GOSPOD nad vojskama, i neću primiti dar iz vaše ruke" (Malahija 1:10).

Kada su učitelji zakona i starješine klevetali Isusa i osuđivali Njegove učenike, to nije bilo zato što se Isus i Njegovi učenici nisu povinovali zakonu već zato što oni nisu poštovali tradiciju starješina. To je dobro opisano u Jevanđelju po Mateju.

Zašto učenici Tvoji prestupaju običaje starih? Jer ne umivaju ruke svoje kad hljeb jedu (Jevanđelje po Mateju 15:2).

U ovo vrijeme, Isus im je rasvetljavao činjenicu da nisu zapovjesti Božje narušene, već da je umjesto toga tradicija starješina bila slomljena. Naravno, važno je da se pridržavamo u spoljašnosti zakona ali je daleko važnije da razumijemo iskrenu volju Božju koja je utisnuta u zakonu.

I Isus im je odgovorio i njima rekao:

A On odgovarajući reče im: Zašto i vi prestupate

zapovjest Božju za običaje svoje? Jer Bog zapovjeda govoreći: Poštuj oca i mater; i koji opsuje oca ili mater smrću da umre. A vi kažete: Ako koji reče ocu ili materi: „Prilog je čim bih ti ja mogao pomoći, može i da ne poštuje oca svog ili matere." I ukidoste zapovjest Božju za običaje svoje (Jevanđelje po mateju 15:3-6).

U sledećim stihovima, Isus takođe govori:

Licemjeri, dobro je za vas prorokovao Isaija govoreći: „Ovi ljudi približavaju se k Meni ustima svojim, i usnama poštuju Me; a srce njihovo daleko stoji od Mene. No zaludu Me poštuju učeći naukama i zapovjestima ljudskim" (Jevanđelje po Mateju 15:7-9).

Nakon što je Isus pozvao masu ljudi kod Njega, On im je rekao:

Slušajte i razumite. Ne pogani čovjeka šta ulazi u usta; nego šta izlazi iz usta ono pogani čovjeka (Jevanđelje po Mateju 15:10-11).

Djeca Božja treba da poštuju njihove roditelje kao što je zapisano u Deset zapovjesti. Ali Fariseji su učili ljude da djeca koja su tu služe i poštuju roditelje sa svojom imovinom mogu biti oslobođena od dužnosti ako se izjasne da će njihova imovina biti ponuđena gore Bogu. Oni su napravili toliko temeljno propise u svakom pogledu na život do najsitnijeg detalja da Jevreji nisu mogli čak ni da se usude da se pridržavaju ovih tradicija starješina, oni su mislili da rade veoma dobro kao Božji odabranici.

Bog u koga Izrael vjeruje

Kada je Isus iscjeljivao na dan Sabata, Fariseji su ga optužili da krši dan Sabata. Jednog dana, Isus je ušao u sinagogu i vidio je čovjeka koji stoji ispred Fariseja čija je ruka bila paralizovana. Isus je namjeravao da ih probudi i ispituje, govorivši im sljedeće:

Valja li u subotu dobro činiti ili zlo činiti? (Jevanđelje po Marku 3:4)

Koji je među vama čovjek koji ima ovcu jednu pa ako ona u subotu upadne u jamu neće je uzeti i izvaditi? A koliko je čovjek pretežniji od ovce? Dakle valja u subotu dobro činiti (Jevanđelje Po Mateju 12:11-12).

Pošto su Fariseji bili ranije ispunjeni ograničenim zakonom zasnovanim na tradicijom starješina i sebičnim mislima i životnim ponašanjem, oni ne samo da nisu uspjeli da prepoznaju iskrenu volju Boga utisnutu u zakonu vać nisu uspjeli ni da prepoznaju Isusa, koji je došao na zemlju kao Spasitelj.

Isus im je često ukazivao i njima naređivao da se odvrate od pogriješnih nedjela. On im je zamjerao jer su oni zanemarili, promjenili i površno posmatrali zakon koji im je On dao.

Teško vama književnici i fariseji, licemjeri! Što dajete desetak od metvice i od kopra i od kima, a ostaviste šta je najpretežnije u zakonu: pravdu i milost i vjeru; a ovo je trebalo činiti i ono ne ostavljati (Jevanđelje po Mateju 23:23).

Teško vama književnici i fariseji, licemjeri! Što čistite spolja čašu i zdelu a iznutra su pune grabeža i nepravde (Jevanđelje po Mateju 23:25).

Ljudi Izraela koji su bili pod kontrolom Rimskog carstva, imali su sliku u njihovim mislima da će Mesija doći za njih sa velikom moći i poštovanjem i da će Mesija moći da ih oslobodi od ruku tiranina i da će vladati nad svim rasama svih nacija.

U međuvremenu, čovjek je rođen od drvodelje; družio se sa napuštenima, bolesnima i griješnicima; on je zvao Boga „Oče" i svjedočio je da je On Svjetlost svijeta. Kada je prekoravao zbog grijehova, one koji su održavali zakon po svom nahođenju i smatrali sebe pravednima, probadao ih je u srce i isjekao njegovim riječima a oni su ga razapeli bez razloga.

Bog želi da mi imamo ljubav i oproštaj

Fariseji su se striktno pridržavali pravilima judaizma i mnogim dugogodišnjim običajima i tradicijama značajnim u njihovim životima. Oni su se ophodili prema poreznicima koji su radili za Rimsko carstvo kao prema grješnicima i izbjegavali su ih.

Počev od jevanđelja po Mateju 9:10 kaže se da se Isus odmarao za stolom u kući poreznika nazvanog Mateja i mnogi su poreznici i grješnici večerali sa Isusom i Njegovim učenicima. Kada su Fariseji vidjeli ovo, oni su rekli Njegovim učenicima: „Zašto vaš Učitelj jede sa poreznicima i grješnicima?" Kada ih je Isus čuo kako osuđuju Njegove učenike, On im je objasnio o Božjem srcu. Bog daje Njegovu neiscrpnu ljubav i milost svakome ko se pokaje od njegovih grijehova od srca i ko se odvrati od njih.

Jevanđelje po Mateju 9:12-13 nastavlja: *„Ali kada je Isus ovo čuo On je rekao: „Ne trebaju zdravi lekara nego bolesni. Nego idite i naučite se šta znači: „Milosti hoću, a ne priloga," jer ja nisam došao da zovem pravednike no grješnike na pokajanje."*

Kada su nepobožni ljudi grada Ninevija dostigli nebo, Bog je hteo da uništi grad Nineviju. Ali prije nego što je to učinio, Bog je poslao Njegovog proroka Jona i dozvolio mu da se pokaje u njegovim grijehovima. Ljudi su postili i u potpunosti su se pokajali u njihovim grijehovima i Bog je odustao od Njegove odluke da ih uništi. Međutim, bili su to Fariseji oni koji su učili da svako ko prekrši zakon nema drugog izbora osim da mu bude suđeno. Najvažniji dio zakona je neizostavna ljubav i praštanje ali Fariseju su učili da osuđivanje nekoga je mnogo pravednije i vrednije nego da mu se oprosti sa ljubavi.

Na isti način, kada mi ne razumijemo srce Boga koji nam je dao zakon, mi smo primorani da sudimo u svemu sa našim mislima i teorijama i te osude će se naći kao pogrešne protiv Boga.

Božja iskrena namjera u davanju Zakona

Bog je stvorio nebesa i zemlju i sve u njima i stvorio je čovjeka sa namjerom da gaji iskrenu djecu koja će ličiti na Njegovo srce. Sa ovom namjerom Bog je rekao Njegovom narodu: *"zato se osvećujte i budite sveti, jer sam Ja svet"* (Levitski Zakonik 11:44). On nam tvrdi da se Njega bojimo kada nismo pobožni samo u nastupima već da postanemo besprekorni odbacivanjem zla iz naših srca.

U Isusovom vremenu, Fariseju i pisari su imali mnogo veći interes u ponudama i u djelima istaknutim u zakonu više nego u posvećenju njihovih srca. Bog uživa u slomljenom i pokajničkom srcu više nego u žrtvama (Psalmi 51:16-17), tako da nam je On dao zakon da bi nam dozvolio da se pokajemo i da se odvratimo kroz zakon.

Božja iskrena volja utisnuta u zakonu Starog Zavjeta

To ne znači da ljudi Izraela sa djelima koja su posmatrana u zakonu nisu uključivali ni malo njihovu ljubav prema Bogu. Već važna stvar koju je Bog želio da oni učine je da oni osvete srce i On ih je ozbiljno prekorio kroz Proroka Isaiju.

„Šta će mi mnoštvo žrtava vaših?" Veli GOSPOD. „Sit sam žrtava paljenica od ovnova i pretiline od gojene stoke, i ne marim za krv junčiju i jagnjeću i jareću. Kad dolazite da se pokažete preda mnom, ko ište to od vas, da gazite po Mom tremu? Ne prinosite više žrtve zaludne; na kad gadim se. A o mladinama i subotama i o sazivanju skupštine ne mogu podnositi bezakonja i svjetkovine" (Isaija 1:11-13).

Pravo značenje u održavanju zakona ne sadrži spoljašnja djela već volju unutrašnjeg srca. Tako da, Bog ne uživa u mnogo brojnom posvećenju koja su ponuđena sa uobičajnim i površnim djelima i ulascima u sveti sud. Bez obzira koliko su oni žrtava podnijeli u skladu sa zakonom, Bog ne uživa u njima zato što njihova srca nisu u skladu sa voljom Božjom.

Isto je i sa našim molitvama. U našim molitvama sama djela u molitvama nisu važna već stav u našim srcima je mnogo važniji. Pisci Psalma u Psalmima 66:18 kažu: *„Da sam vidio u srcu svom bezakonje, ne bi me uslišio GOSPOD."*

Bog dozvoljava da ljudi znaju kroz Isusa da On nije zadovoljan molitvama koje su dvolične ili samo da se pokažu, već samo iskrenim molitvama iz srca.

I kad se moliš Bogu, ne budi kao licemjeri, koji rado po zbornicama i na raskršću po ulicama stoje i mole se da ih vide ljudi. Zaista vam kažem da su primili platu svoju. A ti, kad se moliš, uđi u unutrašnju, tajnu sobu svoju, zatvori vrata svoja i moli se Ocu svom koji je u tajnosti, i Otac tvoj koji vidi šta je urađeno u tajnosti, nagradiće te (Jevanđelje po Mateju 6:5-6).

Isto se događa kada se mi pokajemo iz srca. Kada se mi pokajemo u našim grijehovima, Bog želi da ne cijepamo našu odjeću i da jecamo u pepelu već da rastrgnemo naša srca i da se iz srca pokajemo od naših grijehova. Djela u pokajanju sama i nisu važna i kada se mi pokajemo u našim grijehovima od srca i okrenemo se od njih, Bog prihvata takvo pokajanje.

„Zato još govori GOSPOD: „Obratite se k Meni svim srcem svojim i posteći i plačući i tužeći. I razderite srca svoja, a ne haljine svoje, i obratite se ka GOSPODU Bogu svom, jer je milostiv i žalostiv, spor na gnev i obilan milosrđem i kaje se oda zla" (Joil 2:12-13).

Drugim riječima, Bog želi da prihvati srce izvršioca zakona radije nego sama djela u održavanju zakona. Ovo je opisano kao „preobraćenje srca" u Bibliji. Mi možemo da preobratimo naša tijela tako što ćemo isjeći meso, dok možemo da preobratimo kožu u srcu tako što ćemo presjeći srce.

Preobraćenje srca kakvo Bog želi

Na šta se do detalja odnosi preobraćenje srca? To se odnosi na „isjecanje i bacanje svih vrsta zla i grijehova ukuljučujući ljutnju, ljubomoru, preku narav, loša osjećanja, preljubu, obmanu, prevaru, osudu i presudu iz srca." Kada vi isječete grijehove i zlo iz srca i držite se zakona, Bog to prihvata kao savršeno povinovanje.

Obrežite se GOSPODU, i skinite okrajak sa srca svog, Judejci i Jerusalimljani, da ne iziđe jarost moja kao oganj i razgori se da ne bude nikoga ko bi ugasio za zla djela vaša, " *čišćenje srca znači odsjeći kožu sa vašeg srca* (Jeremija 4:4).

Zato obrežite srce svoje, i nemojte više biti tvrdovrati (Ponovljeni Zakon 10:16).

Misirce i Judejce i Edomce i sinove Amonove i Moavce i sve koji se s kraja strižu, koji žive u pustinji; jer su svi ti narodi neobrezani, i sav je dom Izrailjev neobrezanog srca (Jeremija 9:26).

I obrezaće GOSPOD Bog tvoj srce tvoje i srce sjemena tvog, da bi ljubio GOSPODA Boga svog iz svega srca svog i iz sve duše svoje, da budeš živ (Ponovljeni Zakon 30:6).

Prema tome, Stari Zavjet nam često naređuje da probratimo naše srce, jer samo oni koji preobrate njihovo srce mogu da vole Boga svim svojim srcem i svom svojom dušom.

Bog želi da Njegova djeca budu sveta i savršena. U Postanku

17:1, Bog govori Avramu da bude „bezgriješan," a u Levitskom Zakoniku 19:2, On naređuje ljudima Izraela da budu „sveti."

Jevanđelje po Jovanu 10:35 kaže: *„Ako one nazva bogovima kojima riječ Božija bi, i pismo se ne može pokvariti;"* i 2. Petrova Poslanica 1:4 kaže: *„Kroz koje se nama darovaše časna i prevelika obećanja, da njih radi imate dio u Božjoj prirodi, ako utječete od tjelesnih želja ovog svijeta."*

U Starom Zavjetu oni su bili spašeni kroz djela u kojima su se držali zakona, dok u Novom Zavjetu mi možemo biti spašeni kroz vjeru u Isusa Hrista koji je ispunio zakon sa ljubavlju.

Spasenje kroz djela, za vrijeme Starog Zavjeta bilo je moguće kada su imali grešnu želju da ubiju, mrze, počine preljubu i laž, ali ih nisu počinili u djelima. U vremenima Starog Zavjeta Sveti Duh nije boravio u njima i oni nisu mogli da odbace griješne želje sa sopstvenom snagom. Tako da kada oni nisu u spoljašnosti počinili grijehove u djelima, oni nisu bili smatrani griješnicima.

Međutim, u Novom Zavjetu, mi možemo da dostignemo spasenje samo kada preobratimo naša srca sa vjerom. Sveti Duh nam dozvoljava da vidimo grijeh, pravednost i osudu i pomaže nam da živimo po riječi Božjoj, tako da mi možemo da odbacimo neistinu i grešnu prirodu i preobratimo naša srca.

Spasenje kroz vjeru u Isusa Hrista nije samo dato onome koji zna i vjeruje da je Isus Hrist Spasitelj. Samo kada mi odbacimo zli oblik srca zato što volimo Boga i hodamo u vjeri, volja Božja će to smatrati da je to iskrena vjera i vodiće nas ne samo da ispunimo spasenje već i ka putu do nevjerovatnih odgovora i blagoslova.

Kako udovoljiti Bogu

Sasvim je prirodno da Božje dijete ne treba da griješi u djelima. Takođe je normalno za njega da odbaci neistinu i grešne želje iz srca i da liči na svetost Božju. Ako vi ne činite grijehove u djelima a gajite grešna djela u sebi koja Bog ne želi, vi ne možete biti smatrani pravednim od Boga.

Zato je napisano u Jevanđelju po Mateju 5:27-28: „*Čuli ste kako je kazano starima: „Ne čini preljube" A Ja vam kažem da svaki koji pogleda na ženu sa željom, već je učinio preljubu u srcu svom.*"

I rečeno je u 1. Jovanovoj Poslanici 3:15: „*Svaki koji mrzi na brata svog je ubica; i znate da nijedan ubica nema u sebi vječni život.*" Ovaj stih nam naređuje da se otarasimo mržnje iz srca.

Kako vi treba da se ponašate prema vašim neprijateljima koji vas mrze u skladu sa tim da udovoljava te volji Božjoj?

Zakon Starog Zavjeta nam govori: „Oko za oko [i] zub za zub." Drugim riječima, zakon kaže: „*Kako oštetiti tijelo čovjeku, onako da mu se učini*" (Levitski Zakonik 24:20). To je bilo da se spriječi povreda ili da se izazove šteta drugima sa striktnim pravilima. To je zato što Bog zna da čovječanstvo želi da vrati mnogo više od onoga što mu je naneto u njegovoj nepobožnosti.

Kralj David je smatran za osobu koja je bila poput srca Božjeg. Kada je kralj Saul hteo da ga ubije, David nije uzvratio nikakvim zlom za mnoga zla kralja Saula već se ponašao prema njemu sa dobrotom do poslednjeg momenta. David je vidio iskreno značenje utisnuto u zakonu i živio je samo po riječi Božjoj.

> *Ne budi osvetljiv, i ne nosi srdnju na sinove naroda svog; nego ljubi bližnjeg svog kao sebe samog; ja sam Gospod* (Levitski Zakonik 19:18).

> *Kad padne neprijatelj tvoj, nemoj se radovati, i kad propadne, neka ne igra srce tvoje* (Poslovice 24:17).

> *Ako je gladan nenavidnik tvoj, nahrani ga hleba, i ako je žedan napoj ga vode* (Poslovice 25:21).

> *Čuli ste da je kazano: "Ljubi bližnjeg svog, i mrzi na neprijatelja svog." Ali Ja vam kažem, volite svoje neprijatelje i molite se za one koji vas proganjaju* (Jevanđelje po Mateju 5:43-44).

U skladu sa stihovima iznad, ako vi hoćete da se držite zakona a niste oprostili osobi koja vam je uzrokovala nevolje, Bog nije onda zadovoljan vama. To je zato što nam je Bog rekao da volimo naše neprijatelje. Kada se držite zakona i kada to činite sa srcem koje Bog želi da imate, vi možete da se smatrate da ćete se u potpunosti povinovati riječi Božjoj.

Zakon, znak Božje ljubavi

Bog ljubavi želi da nam da beskonačne blagoslove ali zato što je On Bog pravde, On nema drugi izbor nego da nas preda đavolu sve dok činimo grijehove. Zbog toga neki vjernici u Boga pate od bolesti i susreću se sa nesrećama i katastrofama kada ne žive po riječi Božjoj.

Bog je nama dao mnogo zapovjesti Božjih u Njegovoj ljubavi da bi nas zaštitio ot takvih iskušenja i bolova. Koliko savjeta daju roditelji svojoj djeci da bi ih zaštitili od bolesti i nesreća?

„Operi ruke kada se vratiš kući."
„Operi zube posle jela."
„Gledaj levo i desno kada prelaziš ulicu."

Na isti način, Bog nam je rekao da se držimo Njegovih zapovijesti i zakona za naše dobro u Njegovoj ljubavi (Ponovljeni Zakon 10:13). Održavanje i praktikovanje riječi Božje je kao lampa na našem životnom putu. Bez obzira koliko je mračno, mi možemo bezbedno da hodamo suđenim putem sa lampom ali na isti način, kada je Bog koji je svjetlost sa nama, mi možemo biti zaštićeni i da uživamo u privilegiji i blagoslovima kao djeca Božja.

Koliko je zadovoljan Bog kada On štiti Njegovu djecu koja se pokoravaju Njegovoj riječi sa Njegovim svijetlim očima i daje im sve što oni traže! Shodno tome, ova djeca mogu da promjene njihova srca u čista i ona dobra i mogu da liče na Boga onoliko koliko su pokorni riječi Božjoj i mogu da osjete dubinu Božje ljubavi i mogu još više Njega da vole.

Prema tome, zakon koji nam je Bog dao je kao udžbenik ljubavi koji nam predstavlja smjer ka blagoslovima za nas koji smo pod Božjom kultivacijom na zemlji. Zakon Božji nama ne donosi teret već nas štiti od svih vrsta nesreća na ovom svijetu u kojem neprijatelj đavo i Sotona vladaju i vodi nas ka putu blagoslova.

Isus je ispunio zakon sa ljubavlju

U Ponovljenom zakonu 19:19-21, mi možemo naići da u vremenu Starog Zavjeta kada bi ljudi počinili grijeh sa njihovim očima, njihove oči bi bile iščupane. Kada bi zgriješili sa njihovim rukama ili nogama, onda bi njihove ruke ili noge bile iječene. Kada bi ubili ili počinili preljubu, oni bi bili kamenovani do smrti.

Zakon duhovnog kraljevstva nam govori da rezultat naših grijehova jeste smrt. Zbog toga je Bog ozbiljno kaznio one koji su činili neoprostive grijehove i prema tome On je želio da upozori mnoge druge ljude da ne čine iste grijehove.

Ali Bog ljubavi nije bio u potpunosti zadovoljan vjerom sa kojom su se oni zaglavili u zakonu i rekao je: „Oko za oko i zub za zub." Umjesto toga On je istaknuo ponovo i ponovo u Starom

Zavjetu da oni moraju da preobrate njihova srca. On nije želio da Njegov narod osjeća bol zbog ovog zakona, tako da kada je došlo vrijeme On je poslao Isusa na zemlju i Njemu je dozvolio da ponese sve grijehove čovječanstva i da ispuni zakon sa ljubavi.

Bez Isusovog razapeća, mi bi imali naše ruke i noge isječene kada bi počinili grijeh sa našim rukama i nogama. Ali Isus je uzeo krst i prolio Njegovu dragocenu krv i imao je probijene Njegove ruke i noge sa ekserima kako bi oprao naše grijehove koje smo mi počinili sa rukama i nogama. Sada mi ne moramo da odsiječemo naše ruke i noge zbog ove velike ljubavi Božje.

Isus, koji je jedan sa ljubavi Božjom, došao je dole na zemlju i ispunio je zakon sa ljubavi. Isus je živio životom za primjer u održavanju svih zakona Božjih.

Čak iako se On u potpunosti pridržavao zakona, međutim On nije osuđivao one koji su pali u držanju zakona govoreći im: „Ti si prekršio zakon i na putu si ka smrti." Umjesto toga, On je učio ljude istini danju i noću kako bi mogla čak i jedna jedina duša da se pokaje u svojim grijehovima i dostigne spasenje i bez prestanka On je činio i iscjeljivao i oslobađao one koji su bili vezani za bolesti, slabosti i opsednuti demonima.

Isusova ljubav bila je izuzetno prikazana kada je žena uhvaćena u preljubi bila uhvaćena i dovedena ispred Isusa od strane pisara i Fariseja. U 8. Poglavlju jevanđelja po Jovanu, pisari i Fariseji doveli su ženu do Njega i pitali su Ga, govoreći: „*A Mojsije nam u zakonu zapovijedi da takve kamenjem ubijamo;*

a ti šta veliš?" (stih 5) A Isus je onda odgovorio: *"Koji je među vama bez grijeha neka najprije baci kamen na nju"* (stih 7).

Postavljajući njima ovo pitanje, On je namjeravao da ih probudi da ne samo žena nego i oni sami, koji su je optuživali zbog njene preljube i pokušavali da nametnu optužbe prema Isusu, shvate da su isti griješnici ispred Boga i da niko ne smije da se usudi da optuži onog drugog. Kada su ljudi ovo čuli, oni su osjetili grižu savjesti u njihovim mislima i odlazili su jedan po jedan, počevši od najstarijeg pa sve do posljednjeg. I Isus je ostavljen sam a žena je stajala u sredini.

Isus nije vidio nikoga osim žene i njoj je rekao: *"Ženo, gdje su oni što te tužahu? Nijedan te ne osudi?"* (stih 10) Ona reče: „Nijedan, Gospode!" I Isus je njoj rekao: *"Ni ja te ne osuđujem. Idi. I odsele više ne griješi"* (stih 11).

Kada je žena bila dovedena i kada je njen neoprostiv grijeh bio otkriven, u njoj je nadvladavao veliki strah. Tako da, kada joj je Isus oprostio, možete li da zamislite koliko je ona suza prolila u dubokim emocijama i zahvalnosti! Kada bi se god sjetila ovog oproštaja i ljubavi Isusa, ona se ne bi usudila da prekrši ponovo zakon niti da opet počini grijeh. Ovo se ostvarilo zato što se srela sa Isusom koji je ispunio zakon sa ljubavi.

Isus je ispunio zakon sa ljubavi ne samo za ovu ženu već takođe i za sve ljude. On nije štedio Njegov život i položio Njegov život za nas griješnike na krstu sa srcem roditelja koji ne štede svoje svoje živote da bi spasili svoju djecu koja se dave.

Isus je bio nevin i neukaljan i jednorodni Sin Božji ali je izdržao sve nezamislive bolove, prolio je svu Njegovu krv i vodu i položio je Svoj život na krstu za nas griješnike. Njegovo razapeće je bilo najdirljiviji momenat u ispunjavanju najveće ljubavi kroz istoriju čovječanstva.

Kada ova moć Njegove ljubavi bude iznad nas, mi ćemo dobiti snagu da u potpunosti održimo zakon i moći ćemo da ispunimo zakon sa ljubavi baš kao što je to i Isus uradio.

Da Isus nije ispunio zakon sa ljubavlju već da je umjesto toga osuđivao i optuživao svakoga samo po zakonu i da je okrenuo Njegov pogled od griješnika, koliko mnogo ljudi bi bilo spašeno na ovom svijetu? Kao što je napisano u Bibliji: *„Ni jednog nema pravednog"* (Poslanica Rimljanima 3:10), niko ne bi bio spašen.

Zbog toga, Božja djeca kojima je oprošteno od grijehova sa velikom ljubavlju od Boga ne treba samo da Njega vole održavajući Njegove zapovijesti sa pokornim srcem već treba da vole i svoje komšije kao same sebe i da njima služe i opraštaju im.

Oni koji osuđuju i optužuju druge sa zakonom

Isus je ispunio zakon sa ljubavlju i postao je Spasitelj za cijelo čovječanstvo ali šta su Fariseji, pisari i učitelji zakona učinili? Oni su insistirali na održavanju zakona u djelima radije nego da su preobratili njihova srca kao što je Bog želio ali oni su mislili da su u potpunosti održavali zakon. Pored toga, oni nisu praštali onima koji se nisu pridržavali zakona već su ih osuđivali i optuživali su ih.

Ali naš Bog nikada ne želi da sudimo i da optužujemo druge bez milosti i ljubavi. Niti On želi da osjećamo bol u pridržavanju zakona bez da iskusimo ljubav Božju. Ako se mi pridržavamo zakona a padnemo u nerazumijevanju srca Božjeg i padnemo u tome što to činimo bez ljubavi, to nam ne donosi ništa.

I ako imam proroštvo i znam sve tajne i sva znanja, i ako imam svu vjeru da i gore premještam, a ljubavi nemam, ništa sam. I ako razdam sve imanje svoje, i ako predam tijelo svoje da se sažeže, a ljubavi nemam, ništa mi ne pomaže (1. Poslanica Korinćanima 13:2-3).

Bog je ljubav i On se raduje i blagoslovi nas kada mi činimo sa ljubavlju. U Isusovo vrijeme Fariseji nisu uspjeli da posjeduju ljubav u njihovim srcima kada su se pridržavali zakona i to njima nije ništa doprinelo. Oni su osuđivali i optuživali druge sa znanjem zakona i to im je doprinelo da se udalje od Boga i rezultiralo je razapeće Sina Božjeg.

Kada vi razumijete iskrenu volju Božju utisnutu u zakonu

Čak i u vremenima Starog Zaveta, postojali su veliki očevi vere koji su razumijeli iskrenu volju Boga u zakonu. Očevi vjere uključujući Avrama, Josifa, Mojsija, Davida i Iliju nisu se samo pridržavali zakona već su davali sve od sebe da postanu iskrena djeca Božja revnosnim preobraćenjem njihovih srca.

Međutim, kada je Isus bio poslat kao Mesija od Boga da bi Jevrejima pokazao ko je Bog Avramov, Bog Isakov i Bog Jakovljev, oni nisu mogli da Njega prepoznaju. To je zato što su oni bili zaslijepljeni sa okvirima tradicije vođa i djelima u pridržavanju zakona.

Da bi posvjedočio da je On Son Božji, Isus je izvodio veličanstvena čuda i nevjerovatne znakove koji su bili mogući samo uz moć Božju. Ali oni nisu mogli niti da prepoznaju niti da prime Isusa kao Mesiju.

Ali bilo je drugačije onim Jevrejima koji su imali dobra srca. Kada su oni slušali Isusove poruke, oni su vjerovali u Njega i kada su vidjeli čudesne znakove koje je Isus izvodio, oni su vjerovali da je Bog bio sa Njim. U 3. Poglavlju Jevanđelja po Jovanu, Farisej nazvan „Nikodim" došao je do Isusa jedne noći i rekao Mu je sljedeće.

Znamo da si ti učitelj od Boga došao; jer niko ne može čudesa ovih činiti koja ti činiš ako nije Bog s njim (Jevanđelje po Jovanu 3:2).

Bog ljubavi čeka na povratak Izraela

Zašto onda većina Jevreja nije uspjela da prepozna Isusa koji je došao na zemlju kao Spasitelj? Oni su napravili okvire u zakonu u njihovim sopstvenim mislima vjerujući da su oni voljeli i služili Bogu i nisu bili voljni da prihvate stvari koje su se razlikovale od njihovih okvira.

Sve dok nije sreo Gospoda Isusa, Pavle je čvrsto vjerovao da potpuno pridržavanje i tradicija vođa jeste bila ljubav i služenje Bogu. Zbog toga on nije prihvatio Isusa kao Spasitelja već je umjesto toga Njega osuđivao i Njegove vjernike. Nakon što je sreo vaskrslog Gospoda Isusa na putu za Damask, njegovi okviri su se u potpunosti slomili u dijelove i on je postao apostol njegovog Gospoda, Isusa Hrista. Od tog vremena pa na dalje, on bi čak i život svoj dao za Gospoda.

Ova želja da održi zakon je najdublje biće Jevreja i jaka tačka Božjeg odabira Izraela. Prema tome, čim oni shvate Božju iskrenu volju utisnutu u zakonu, oni će moći da vole Boga još više od drugih ljudi ili rase i biće predani Bogu u njihovim životima.

Kada je Bog poveo ljude Izraela van Egipta, On im je dao zakone i zapovjesti kroz Mojsija i rekao im je da zaista On želi da to učine. On je obećao njima da ako vole Boga, preobrate njihova srca i žive u skladu sa Njegovom voljom, da će On biti uz njih i da će im On dati nevjerovatne blagoslove.

I obratiš se ka GOSPODU Bogu svom i poslušaš glas Njegov u svemu što ti ja zapovjedam danas, ti i sinovi tvoji, iz svega srca svog i iz sve duše svoje, tada će GOSPOD Bog tvoj povratiti roblje tvoje i smilovaće se na tebe, i opet će te sabrati između svih naroda, po kojima te bude rasijao GOSPOD Bog tvoj. Ako bi ko tvoj i na kraj svijeta zagnan bio, otuda će te opet sabrati GOSPOD Bog tvoj i otuda te uzeti. I odvešće te opet GOSPOD Bog tvoj u zemlju koju behu nasljedili oci tvoji, i naslijedićeš je, i učiniće ti dobro i umnožiće te većma nego oce tvoje. I obrezaće GOSPOD Bog tvoj srce tvoje i srce sjemena tvog, da bi ljubio GOSPODA Boga svog iz svega srca svog i iz sve duše svoje, da budeš živ. A sve kletve ove obratiće GOSPOD Bog tvoj na neprijatelje tvoje i na nenavidnike tvoje, koji su te gonili. A ti kad se obratiš i staneš slušati glas GOSPODA Boga svog i tvoriti sve zapovjesti Njegove, koje ti ja danas zapovjedam (Ponovljeni Zakon 30:2-8).

Kao što je Bog obećao Njegovom odabranom narodu Izraelu u ovim stihovima, On će okupiti Njegov narod koji je rasut po cijelom svijetu i pustiće ih da povrate svoju zemlju u nekoliko hiljada godina i postaviće ga iznad svih nacija na zemlji. Bez obzira na to, Izrael nije uspio da prepozna Božju veliku ljubav kroz razapeće i Njegovo nevjerovatno proviđenje i kultivaciju čovječanstva već i dalje prati djela u pridržavanju zakona i tradiciju vođa.

Bog ljubavi iskreno želi i čeka na njih da povrate njihovu krivu vjeru i da se promjene i da postanu iskrena djeca što je prije moguće. Najprije, oni moraju da otvore njihova srca i da prihvate Isusa koji je bio poslat od Boga kao Spasitelja cijelog čovječanstva i da dobiju oproštaj od njihovih grijehova. Sljedeće, oni moraju da shvate iskrenu volju Boga datu kroz zakon i da posjeduju iskrenu vjeru revnosnim održavanjem riječi Božje kroz preobraćenje njihovih srca tako da mogu da dostignu potpuno spasenje.

Ja se najiskrenije molim da će Izrael povratiti izgubljenu sliku Boga kroz vjeru koja udovoljava Bogu i da će postati Njegova iskrena djeca kako bi mogli da uživaju u svim blagoslovima koje je Bog obećao i da borave u slavi i vječnim nebesima.

Kupola od kamena, islamska džamija smještena u svetom gradu Jerusalimu

Poglavlje 4
Gledaj i slušaj!

Pred kraj svjetskog vremena

Biblija nam jasno objašnjava o oboma i početku istorije čovječanstva i njenom kraju. Za nekoliko hiljada godina, Bog nam je rekao kroz Bibliju o Njegovoj istoriji ljudske kultivacije. Istorija je počela sa prvim čovjekom na zemlji, Adamom i doći će do kraja sa Gospodovim Drugim Dolaskom u vazduhu.

Po Božjem satu u istoriji kultivacije čovječanstva, koliko je sada sati i koliko je dana još ostalo i vremena dok sat ne zazvoni za konačan momenat ljudske kultivacije? Sada, dozvolite nam da razmotrimo kako je to Bog ljubavi planirao i kako je postavio Njegovu volju da povede Izrael na put spasenja.

Ispunjenje proročanstva Biblije na putu ljudske istorije

Postoje mnogo proroka u Bibliji i svi oni su riječi Svemogućeg Boga Stvoritelja. Kao što je rečeno u Isaiji 55:11: *„Tako će biti riječ Moja kad izađe iz Mojih usta: neće se vratiti k Meni prazna, nego će učiniti šta mi je drago, i srećno će svršiti na šta je pošaljem,"* Božje riječi su bile precizno ispunjene do sada i svaka riječ će biti ispunjena.

Istorija Izraela svakako potvrđuje da su proročanstva iz Biblije u potpunosti ispunjena bez i najmanje greške. Istorija

Izraela je ostvarena samo u skladu sa proročanstvima zapisanim u Bibliji: Izraelskih 400. godina ropstva u Egiptu i Izlazak; njihov ulazak u zemlju Kana u kojoj teče med i mlijeko; njihovo kraljevstvo podjeljeno na dva dijela – Izrael i Judeja i njihovo uništenje; Vavilonsko ropstvo; Izraelci se vraćaju kući; rođenje Mesije, Mesijevo razapeće; Izraelsko uništenje i rasutost po svim nacijama i Izraelsko uspostavljanje kao nacija i nezavisnost.

Istorija čovječanstva je pod kontrolom Svemogućeg Boga i kada bi god On ispunio nešto važno, On bi predskazao čovjeku Božjem šta će se dogoditi (Amos 3:7). Bog je predskazao Noji, čovjeku koji je bio pravedan i bezgriješan u njegovo vrijeme, da će Veliki potop uništiti cijelu zemlju. On je rekao Avramu da će gradovi Sodoma i Gomora biti uništeni i dozvolio je proroku Danilu i Apostolu Jovanu da znaju šta će se dogoditi na kraju svjetskog vremena.

Većina od ovih proročanstva zapisanih u Bibliji su u potpunosti ispunjavana i proročanstva koja tek treba da budu ispunjena su Gospodov Drugi Dolazak i nekoliko stvari koje će tome prethoditi.

Znaci o kraju vijeka

Danas bez obzira koliko ozbiljno mi objašnjavamo da je sada kraj vremena, mnogo ljudi ne žele u tu da vjeruju. Umjesto to da prihvate, oni misle da su oni koji pričaju o kraju vremena nastrani i pokušavaju da izbjegnu da ih slušaju. Oni misle da će sunce izlaziti i zalaziti, ljudi će se rađati i umiraće i civilizacija će se nastaviti kao što i jeste uvijek u prošlosti.

Biblija bilježi o ovome u vezi kraja vremena: „*I ovo znajte najprije da će u poslednje dane doći rugači koji će živjeti po svojim željama, i govoriti: 'Gdje je obećanje dolaska njegovog? Jer otkako oci pomriješe sve stoji tako od početka stvorenja'*" (2. Petrova Poslanica 3:3-4).

Kada god je čovjek rođen, on ima vremena da takođe i umre. Na isti način, baš kao što ima i početak, ljudska istorija takođe ima i kraj. Kada vrijeme koje je određeno od Boga dođe, sve stvari će na ovoj zemlji doći do kraja.

A u to će se vrijeme podignuti Mihailo, veliki knjaz, koji brani tvoj narod. I biće žalosno vrijeme, kakvog nije bilo otkako je naroda do tada; i u to će se vrijeme izbaviti tvoj narod, svaki koji se nađe zapisan u knjizi. I mnogo onih koji spavaju u prahu zemaljskom probudiće se, jedni na život vječni, a drugi na sramotu i prekor vječni. I razumni će se sjati kao svjetlost nebeska, i koji mnoge privedoše k pravdi, kao zvijezde vazda i dovijeka. A ti Danilo zatvori ove riječi i zapečati ovu knjigu do poslednjeg vremena; mnogi će pretraživati, i znanje će se umnožiti (Danilo 12:1-4).

Kroz proroka Danila, Bog je prorokovao šta će se dogoditi na kraju vremena. Neki ljudi kažu da su proročanstva kroz

Danila već ispunjena u protekloj istoriji. Ali proročanstvo će u potpunosti biti ispunjeno u zadnjem momentu istorije čovječanstva i u potpunosti je u skladu sa znakovima o poslednjim danima svijeta zapisanih u Novom Zavjetu.

Ovo proročanstvo Danila je u odnosu sa Drugim Dolaskom Gospoda. Stih 1. koji govori: „*I biće žalosno vrijeme, kakvog nije bilo otkako je naroda do tada; i u to će se vrijeme izbaviti tvoj narod, svaki koji se nađe zapisan u knjizi,*" objašnjava nam o Sedam godina velikog stradanja koje će se dogoditi na kraju vremena svijeta i o pabirčenom spasenju.

A druga polovina stiha 4. koja kaže: „mnogi će pretraživati, i znanje će se umnožiti," objašnjava svakodnevni život kojim žive ljudi danas. Definitivno, ova proročanstva Danila se ne odnose na uništenje Izraela koje se dogodilo 70. godine posle Hristovog rođenja već na znakove o kraju vremena.

Isus je govorio Njegovim učenicima o znakovima o kraju vremena do detalja. U Jevanđelju po Mateju 24:6-7, 11-12, On govori: „*Čućete ratove i glasove o ratovima. Jer će ustati narod na narod i carstvo na carstvo; i biće gladi i pomori, i zemlja će se tresti po svijetu. I izići će mnogi lažni proroci i prevariće mnoge. I što će se bezakonje umnožiti, ohladneće ljubav mnogih.*"

Danas, kakva je situacija u svijetu? Mi čujemo vijesti o ratovima i glasine o ratovima i terorizam raste iz dana u dan. Nacije se bore jedne protiv drugih i kraljevstva se dižu jedna protiv drugih. Postoje velike nestašice i zemljotresi. Postoje brojne druge vrste prirodnih katastrofa i katastrofe uzrokovane neobičnim vremenskim uslovima. Šta više, bezakonje preovladava sve više svijetom, grijehovi i zloba su uzele su maha širom svijeta i ljudska ljubav je postala hladna.

Isto je zapisano i u drugoj Tomotijevoj Poslanici.

Ali ovo znaj da će u poslednje dane nastati vremena teška. Jer će ljudi postati samoživi, srebroljupci, hvališe, ponositi, hulnici, nepokorni roditeljima, neblagodarni, nepravedni, neljubavni, neprimirljivi, opadači, neuzdržnici, besni, nedobroljubivi, izdajnici, nagli, naduveni, koji više mare za slasti nego za Boga, koji imaju obličje pobožnosti, a sile su se njene odrekli; I ovih se kloni (2. Timotiju Poslanica 3:1-5).

Danas ljudi ne vole dobre stvari već vole novac i zadovoljstva. Oni traže svoju sopstvenu korist i čine užasne grijehove koja uključuju ubistva ili podmetanje požara bez ustezanja i savjesti. Ove stvari se previše događaju i mnoge stvari poput ovih se događaju okolo nas da ljudska srca postaju nevjerovatno mnogo umrtvljena do te mjere da ništa više može da iznenadi većinu ljudi. Vidjevši sve ove stvari, mi ne možemo da poreknemo da kurs ljudske kultivacije ide zaista ka kraju vremena.

Čak nam i istorija Izraela nagovještava znakove o Drugom

Dolasku Gospoda i o kraju svijeta.

Jevanđelje po Mateju 24:32-33 kaže: *"Od smokve naučite se priči: kad se već njene grane pomlade i ulistaju, znate da je blizu leto. Tako i vi kad vidite sve ovo, znajte da je On blizu, na vratima."*

Smokvino drvo ovde se odnosi na Izrael. Drvo izgleda mrtvo u zimu ali kada dođe proleće, ono niče ponovo i njegove grane rastu i daju zeleno lišće. Slično tome, još od Izraelovog uništenja koje se dogodilo 70. godine poslije Hristovog rođenja, Izrael je izgledao kao da je u potpunosti nestao nekih dvije hiljada godina ali kada je Božje odabrano vrijeme došlo, ona se izjasnila kao nezavisna i Izrael je proglašen za državu Maja 14. 1948. godine.

Ono što je mnogo važnije je da nezavisnost Izraela ukazuje na to da je Drugi Dolazak Isusa Hrista veoma blizu. Prema tome, Izrael treba da shvati da je Mesija, na koga oni još uvek čekaju, došao na zemlju i postao Spasitelj cijelog čovječanstva prije 2000. godina i da se sjete da će Spasitelj Isus doći na zemlju kao sudija pre ili kasnije.

Šta će se tada dogoditi nama koji živimo u poslednjim danima u skladu sa proročanstvom Biblije?

Gospodovo pojavljivanje u vazduhu i oduševljenje

Prije 2000. godina Isus je bio razapet i vaskrsao je trećeg dana slomivši moć smrti i nakon toga On je bio odveden gore na nebo i mnogi prisutni ljudi su bili svjedoci Njegovog uzdizanja.

> *Ljudi Galilejci! Šta stojite i gledate na nebo? Ovaj Isus koji se od vas uze na nebo tako će doći kao što vidjeste da ide na nebo* (Djela Apostolska 1:11).

Gospod Isus Hrist je otvorio kapiju spasenja za čovječanstvo kroz Njegovo razapeće i vaskrsenje i onda se uzdigao na nebo i sjeo je sa desne strane prijestolja Božjeg i počeo je da priprema mjesto boravka za one koji su bili spašeni. I kada se istorija čovječanstva završi, On će doći ponovo da nas povede nazad. Njegov Drugi Dolazak je dobro opisan u 1. Poslanicu Solunjanima 4:16-17.

> *Jer će sam Gospod sa zapovješću, sa glasom Arhanđelovim, i s trubom Božjom sići s neba; i mrtvi u Hristu vaskrsnuće najprije. A potom mi živi koji smo ostali, zajedno s njima bićemo uzeti u oblake na susret Gospodu na nebo, i tako ćemo svagda s Gospodom biti.*

Kakav će to veličanstveni prizor biti kada Gospod dođe dole iz vazduha na oblacima slave u pratnji sa brojnim anđelima i nebeskom vojskom! Oni koji su bili spašeni će obući neuništiva duhovna tijela i sreće Gospoda u vazduhu i proslavljaće Sedmogodišnji svadbeni banket zajedno sa Gospodom našim vječnim mladoženjom.

Oni koji su bili spašeni će biti uzdignuti na nebo i srešće se sa Gospodom koji je nazvan „Oduševljenje." Kraljevstvo vazduha se odnosi na drugo nebo koje je Bog pripremio ua Sedmogodišnji svadbeni banket.

Bog je podijelio duhovno kraljevstvo na nekoliko mjesta i jedno od njih je drugo nebo. Drugo nebo je podjeljeno da dva djela – Edem koji je svijet svjetlosti i svijet tame. U dijelu koji je svijet svjetlosti je posebno mjesto pripremljeno za Sedmogodišnji svadbeni banket.

Ljudi koji su sebe ukrasili sa vjerom da bi dostigli spasenje na ovom svijetu punom grijehova i zla, biće uzdignuti gore u vazduh kao mlade Gospoda i onda će sresti Gospoda i uživaće tamo na svadbenom veselju sedam godina.

Da se radujemo i veselimo, i da damo slavu Njemu; jer dođe svadba Jagnjetova, i žena Njegova pripravila se. I dano joj bi da se obuče u svilu čistu i bijelu: jer je svila pravda svetih. I reče mi: Napiši: „Blago onima koji su pozvani na večeru svadbe Jagnjetove." I reče mi: „Ove su riječi istinite Božje" (Otkrivenje Jovanovo 19:7-9).

Oni koji će biti uzdignuti gore u vazduhu osjećaće se ugodno zato što su prevazišli svijet sa vjerom za vrijeme Svadbenog banketa sa Gospodom, dok će oni koji neće biti uzdignuti u vazduhu patiti u neopisivoj patnji u nevoljama zlih duhova jer su izbačeni na zemlju za vrijeme Drugog dolaska Gospoda u vazduhu.

Sedam godina velikog stradanja

Dok oni koji su bili spašeni uživaju u Sedmogodišnjem svadbenom banketu u vazduhu i sanjaju o srećnom i vječnom nebu, velika nevolja koja je nenadmašna u istoriji čovječanstva, prekriće cijelu zemlju i dogodiće se strašne stvari.

Kako će onda Veliko Sedmogodišnje stradanje početi? Pošto će naš Gospod da se vrati u vazduhu i mnogi ljudi će odjednom biti uzdignuti, oni koji ostanu na zemlji će biti u uhvaćeni tolikoj panici i biće šokirani naprasnim nestankom njihovih porodica, prijatelja i počeće da lutaju u potrazi za njima.

Uskoro će oni shvatiti da se Oduševljenje o kojem su hrišćani govorili zaista dogodilo. Oni će se osjetiti prestrašeno na pomisao Sedmogodišnjeg velikog stradanja koje će ih zadesiti. Oni će biti preplavljeni ogromnom strepnjom i osjećajem panike. I kada vozači aviona, brodova, vozova i automobila budu uzdignuti na nebo, veliki broj saobraćajnih nesreća će se događati, rušiće se zgrade i onda će svijet biti ispunjen haosom i velikim neredima.

U ovo vrijeme osoba će se pojaviti i doneće mir i red svijetu. On je vladar Evropske Unije. On će postaviti snage u politici, ekonomiji i ujedno u vojnim organizacijama i sa ujedinjenom moći, od će držati svet u redu i doneće mir i stabilnost društvu. Zbog toga će se mnogi ljudi radovati u njegovom pojavljivanju na svjetskoj sceni. Mnogi će sa entuzijazmom njemu poželjeti dobrodošlicu, lojalno će ga podržati i pomagaće mu.

On će biti antihrist spomenut u Bibliji koji će voditi Sedmogodišnje veliko stradanje, ali za neko vrijeme on će se pojaviti kao „glasnik mira." U stvarnosti, antihrist će doneti mir i red ljudima u ranoj fazi Sedmogodišnjeg velikog stradanja. Alat koji će da koristi kako bi gajio svjetski mir je oznaka zvijeri „666" zapisana u Bibliji.

I učini sve, male i velike, bogate i siromašne, slobodnjake i robove, te im dade žig na desnoj ruci njihovoj ili na čelima njihovim, da niko ne može ni kupiti ni prodati, osim ko ima žig, ili ime zvijeri, ili broj imena njenog. Ovde je mudrost. Ko ima um neka Izračuna broj zvijeri: jer je broj čovjekov i broj njen šest stotina i šezdeset i šest (Otkrivenje Jovanovo 13:16-18).

Koja je oznaka zvijeri?

Zvijer se odnosi na računar. Evropska Unija (EU) će postaviti svoje organizacije korišćenjem računara. Sa računarima EU svakoj osobi će biti dat barkod na desnoj ruci ili na čelu. Barkod je oznaka zvijeri. Sve vrste ličnih informacija svakog pojedinca biće stavljene u bar-kodu i bar-kod će biti postavljen na njegovom/njenom tijelu. Sa ovim bar-kodom na tijelu, računar EU će moći da proučava, gleda, nadzire i kontroliše svakoga do detalja bilo šta da on radi ili će da uradi.

Naše savremene kreditne kartice i lične karte biće zamjenjene sa oznakom zvijeri „666." Onda, ljudima neće biti potrebna gotovina niti čekovi. Oni više neće morati da brinu o gubitku njihove imovine ili što im je ukraden novac. Ova jaka mjera će podstaknuti oznaku zvijeri „666" da se za kratko vrijeme raširi po cijelom svijetu i bez ove oznake, niko neće moći da bude identifikovan niti će moći bilo šta da proda ili da kupi.

Od početka Sedmogodišnjeg velikog stradanja ljudi će dobiti oznaku zvijeri ali neće biti primoravani da je dobiju. Njima će samo biti preporučeno da to prihvate sve dok organizacija EU ne bude jao učvršćena. Čim se prva polovina Sedmogodišnjeg velikog stradanja ne završi i organizacija postane stabilna, onda će EU primorati svakoga da dobije oznaku i neće oprostiti onima koji odbiju da je prihvate. Prema tome, EU će povezati ljude kroz oznaku zvijeri i vodiće ih kako ona to želi.

Na kraju većina ljudi koja će ostati za vrijeme Sedmogodišnjeg velikog stradanja biće podređena kontroli antihrista i vladavine zvijeri. Zato što će ovaj antihrist biti kontrolisan od strane neprijatelja đavola, EU će učiniti da se čovjek suprotstavi Bogu i povešće ih na put smrti, nepravednosti, grijehova i uništenju.

Uzgred, neki se ljudi neće predati vladavini antihrista. To su oni koji su vjerovali u Isusa Hrista ali su pali dok su se uzdizali gore na nebo u Drugom Dolasku Gospoda zato što nisu imali iskrenu vjeru.

Neki od njih su jednom prihvatili Gospoda i živjeli su u milosti Božjoj, ali su kasnije izgubili milost i vratili su se svijetu, a neki drugi svjedočili su o njihovoj vjeri u Hrista i posjećivali su crkvu ali su živjeli u svjetovnim zadovoljstvima zato što nisu uspijeli da posjeduju duhovnu vjeru. Postoje i drugi koji su kao novi prihvatili Gospoda Isusa Hrista i neki Jevreji su se probudili iz njihovog duhovnog dremanja kroz Oduševljenje.

Kada su svjedočili o Oduševljenju, oni će shvatiti da su sve riječi u oba i Starom i Novom Zavjetu bile istinite i oni će se od žalosti udarati u zemlju. Oni će biti uhvaćeni u velikom strahu, kajaće se što nisu živjeli po volji Božjoj i pokušaće da nađu put da bi dobili spasenje.

> *I treći anđeo za njim ide govoreći glasom velikim: „Ko se god pokloni zvijeri i ikoni njenoj, i primi žig na čelo svoje ili na ruku svoju, i on će piti od vina gnjeva Božjeg, koje je nepomješano utočeno u čašu gnjeva Njegovog, i biće mučen ognjem i sumporom pred anđelima svetima i pred Jagnjetom. I dim mučenja njihovog izlaziće va vijek vjieka; i neće imati mira dan i noć koji se poklanjaju zveri i ikoni njenoj, i koji primaju žig imena njenog." Ovde je trpljenje svetih, koji drže zapovijesti Božje i vjeru Isusovu* (Otkrivenje Jovanovo 14:9-12).

Ako neko dobije oznaku zvijeri, on je prisiljen da postane

pokoran antihristu koji se protivi Bogu. Zbog toga Biblija ističe da svako kome je data oznaka zvijeri ne može da dostigne spasenje. Za vrijeme Velikog stradanja oni koji poznaju ovu činjenicu će nastojati da ne dobiju ovu oznaku zvijeri i pokazaće dokaze da imaju vjeru.

Identitet antihrista biće jasno otkriven. On će kategorisati kao nečiste elemente društva one koji se protive njegovoj politici i odbijaju da dobiju oznaku i obrisaće ih iz društva iz razloga što su prekršili društveni mir. I on će ih primorati da se odreknu Isusa Hrista i da prime oznaku zvijeri. Ako se oni opiru, dogodiće se veliki progon i mučenje.

Spasenje od mučeništva zato što nisu dobili oznaku zvijeri

Mučenje onih koji se opiru da dobiju oznaku zvijeri za vrijeme Sedmogodišnjeg velikog stradanja je nezamislivo veliko. Mučenja su mnogo ugnjetavana za njih da ih izdrže tako da će se naći samo nekoliko njih koji će dobiti poslednju priliku za njihovo spasenje. Neki od njih će reći: „Ja ne napuštam svoju vjeru u Gospoda. Ja još uvijek vjerujem u Njega cijelim srcem. Mučenja su za mene toliko velika da se ja odričem od Gospoda samo sa mojim ustima. Bog će me razumijeti i spasiće me" i onda dobija znak zvijeri. Ali njihovo spasenje ne može im biti nikako dato.

Prije nekoliko godina dok sam se ja molio, Bog mi je pokazao u viziji kako će se neki od onih što su ostali za vrijeme Velikog stradanja opirati u dobijanju oznake zvijeri i biti mučeni. Bila je to zaista užasna scena! Mučitelji su drali kožu, lomili su sve zglobove na tijelu u komade, sjekli su prste na rukama i nogama, ruke, noge i prosipali na njihova tijela ključalo ulje.

Za vrijeme Drugog svjetskog rata, veliko krvoproliće i mučenja su se događala i oni su vršili medicinske eksperimente nad živim tijelima. Mučenja ne mogu biti upoređena sa onim u Sedmogodišnjem velikom stradanju. Nakon Oduševljenja antihrist koji je je jedan sa neprijateljem đavolom će vladati nad svijetom i neće imati ni malo milosti i saosjećanja prema nikome.

Neprijatelj đavo i antihrist će ubjeđivati ljude da se odreknu Isusa na svaki način da bi ih oterali u pakao. Oni će mučiti vjernike, ali ih neće odmah ubijati, sa mnogo sposobnim metodama mučenja i sa svim mogućim okrutnim metodama. Sve vrste metoda mučenja i savremeni mučenički uređaji koji su korišćeni za mučenje će doneti vjernicima nevjerovatnu paniku i bolove. Ali samo strašna mučenja će se nastaviti.

Mučeni ljudi će željeti da budu brzo ubijeni ali ne mogu da izaberu smrt zato što ih antihrist neće ubiti tako lako i oni znaju da ih smrt u samoubistvu neće odvesti ka spasenju.

U viziji mi je Bog pokazao da većina ljudi nije mogla da izdrži bol u mučenju i da se podvrgla anti-Hristu. Na trenutak, neki su izgledali da će izdržati i prevazići mučenje sa jakom voljom, ali kada su vidjeli njihovu voljenu djecu ili roditelje koji su bili mučeni na isti način u kojima su se oni prepustili otporu, predali su se antihristu i onda su dobili oznaku zvijeri.

Među onim mučenim ljudima, samo nekoliko njih koji su imali pošteno i pravedno srce će prevazići ova užasna mučenja i okrutne namjere antihrista i umreće mučeničkom smrću. Prema tome, oni koji zadrže svoju vjeru kroz mučenje za vrijeme Velikog stradanja mogu da učestvuju u paradi spasenja.

Put za spasenje u predstojećem Stradanju

Kada je izbio Drugi svjetski rat, Jevreji koji su živjeli mirnim životom u Njemačkoj, nikada nisu očekivali da će ih tako veliki pokolj od 6 miliona ljudi čekati. Niko nije znao niti je mogao da predvidi da će se Njemci koji su im obezbjedili mir i relativnu stabilnost odjednom pretvoriti u tako zlu silu u tako malo periodu vremena.

U to vrijeme, ne znajući šta će da se desi, Jevreji su bili bespomoćni i nisu mogli da urade ništa da bi izbjegli tako veliku patnju. Bog želi da Njegov odabran narod može da izbjegne predstojeće nesreće u bližoj budućnosti. Zbog toga je Bog zabilježio kraj svijeta u Bibliji i dozvolio je da čovjek Božji upozori Izrael o predstojećem stradanju i da ih probudi.

Najvažnija stvar koju Izrael treba da zna je da ova katastrofa Stradanja može biti izbjegnuta i umjesto da bježe od toga, Izrael će biti uhvaćen u centru Velikog stradanja. Ja želim da vi shvatite da ovo stradanje će se veoma brzo dogoditi i doći će do vas kao lopov ako se ne pripremite. Vi treba da se probudite od duhovnog dremanja da bi mogli da pobjegnete od ove užasne katastrofe.

Upravo sada je vrijeme kada Izrael mora da se probudi! Oni moraju da se pokaju što nisu prepoznali Mesiju i da prihvate Isusa Hrista kao Spasitelja cijelog čovječanstva i da posjeduju iskrenu vjeru koju Bog želi da imaju kako bi mogli da budu radosno oduševljeni kada se Gospod vrati nazad u vazduhu.

Ja vam naređujem da gajite u mislima da će se antihrist pojaviti ispred vas kao glasnik mira isto kao što je to i Njemačka uradila prije Drugog svetskog rata. On će vam ponuditi mir i ugođaj a onda će veoma brzo i totalno neočekivano antihrist postati velika sila, sila koja će da raste u ovom vremenu i on će donijeti patnju i katastrofu van zamisli.

Deset prstiju

Biblija ima mnogo odlomaka proročanstva koja će se dogoditi u budućnosti. Naročito, ako pogledamo u proročanstvima zapisanim u Bibliji od velikih proroka Starog Zavjeta, oni nam unaprijed govore ne samo o budućnosti Izraela već takođe i o budućnosti svijeta. Šta mislite koji je razlog tome? Božji odabrani narod Izrael je bio i jeste centar istorije čovječanstva.

Velika statua zapisana u Danilovom proročanstvu

Knjiga Danilova prorokuje ne samo o budućnosti Izraela već takođe i šta će se dogoditi svijetu u odnosu na kraj Izraela. U Knjizi Danila 2:31-33, Danilo tumači san kralja Navuhodonosora sa inspiracijom Boga i tumačenje prorokuje šta će se dogoditi na kraju vremena svijeta.

Ti, care, vide, a to lik velik; velik bijaše lik i svjetlost mu silna, i stajaše prema tebi, i strašan bijaše na očima. Glava tom liku bijaše od čistog zlata, prsi i mišice od srebra, trbuh i bedra od bronze, noge mu od gvožđa, a stopala koje od gvožđa koje od zemlje (Danilo 2:31-33).

Šta onda ovi stihovi prorokuju o svjetskoj situaciji u konačnim danima?

„Veliki sam lik" koji je kralj Navuhodonosor vidio u snu nije niko drugi nego Evropska Unija. Danas, svijet je pod kontrolom dviju velikih sila – Sjedinjenim Američkim Državama i Evropskom Unijom. Naravno, uticaj Rusije i Kine ne može biti ignorisan. Ali, SAD i EU će i dalje biti uticajna moć u svijetu u krugu ekonomske i vojne snage.

Trenutno, EU izgleda pomalo slaba ali će se sve više raširiti. Danas nema postoji ni malo sumnje o tome. Sve do sada SAD je bila isključivo dominantna nacija na svijetu, ali malo po malo EU će postati mnogo dominantnija kroz svijet više nego SAD.

Samo desetak godina ranije, niko nije mogao da zamisli da će možda zemlje Evrope moći da se ujedine u jednom sistemu vladavine. Naravno, zemlje Evrope su razgovarale o EU duže vrijeme ali niko nije mogao sa sigurnošću da kaže da će moći da prevaziđu nacionalne barijere identiteta, jezika, valute i mnoge druge barijere kako bi oformile jedinstveno tijelo.

Ali početkom kasnije 1980. godine, vođe Evropskih zemalja su počele ozbiljno da razmatraju jednostavna pitanja zbog ekonomskih problema. Za vreme Hladnog rata glavna moć da bi se održala vlast bila je vojna snaga, ali kako se Hladni rat bližio kraju, glavna moć se pomjerila od vojnih snaga ka ekonomskoj snazi.

Da bi se pripremili za ovo Evropske zemlje su pokušavale da se ujedine i kao ishod svega oni su postali kao jedno u ekonomskom ujedinjenju. Sada, jedna stvar koja je ostala da se uradi je političko ujedinjenje, dovođenje zemalja u zajednicu kao vladin sistem i situacija sada bila kao takva podstaknuta.

„Ti, care, vide, a to lik velik; velik biješe lik i svjetlost mu silna, i stajaše prema tebi, i strašan biješe na očima," o čemu Danilo 2:31 govori, je proročanstvo o rastu i aktivnostima Evropske Unije. Ono nam govori koliko će jaka i moćna Evropska Unija biti.

EU će imati i posjedovati veliku moć

Kako će EU moći da posjeduje veliku moć? Danilo 2:32 unaprijed daje odgovor objašnjavajući od čega su statui lik, prsa, ruke, stomak, butine, noge i stopala napravljeni.

Kao prvo, stih 32 govori: *„Glava tom liku biješe od čistog zlata."* Ovo prorokuje da će EU ekonomski napredovati i da će vladavina u ekonomskoj moći biti kroz sakupljeno bogatstvo. Kao što je ovdje prorokovano, EU će imati veliku korist i imaće velike dobitke kroz ekonomsko ujedinjenje.

Sljedeće, isti stih kaže: „prsi i mišice od srebra." To simbolizuje da će EU biti socijalno, kulturno i politički ujedinjena. Kada je jedan predsjednik izabran da predstavlja EU, to će ispuniti spoljašnje političko ujedinjenje i postaće ujedinjena cjelina u socijalnom i kulturnom pogledu. Međutim u postavljanju nepotpunog ujedinjenja, svaki član će tražiti svoju sopstvenu ekonomsku korist.

Sljedeće se kaže: „trbuh i bedra od bronze." Ovo simbolizuje da će EU ispuniti vojno ujedinjenje. Svaka zemlja u EU želi da posjeduje ekonomsku snagu. Ovo vojno ujedinjenje u osnovi je za namjenu ekonomske koristi, što je krajnji cilj. Da bi se pridružila u oduzimanju kontrole svijeta kroz ekonomsku snagu, tu neće postojati izbora nego da bude ujedinjena sa socijalnom, kulturnom i vojnom oblasti.

Poslednje, kaže se: „noge mu od gvožđa." Ovo se odnosi na drugi čvrst temelj da bi ojačala i podržala EU kroz religiozno ujedinjenje. U ranijoj fazi, EU će proglasiti katolicizam kao svoju državnu religiju. Katolicizam će gajiti snagu i postaće mehanizam podrške da ojača i vodi EU.

Duhovno značenje deset prstiju

Kada EU uspije da ujedini mnoge zemlje u njihovoj ekonomskoj, političkoj, socijalnoj, vojnoj i religioznoj uticajnoj sferi, ona će najprije biti ponosna na njeno ujedinjenje i njenu moć, ali malo po malo oni će početi da osjećaju znakove neslaganja i raspadanja.

U ranoj fazi EU zemlje EU će postati ujedinjene zato što donose zaključke jedna o drugoj zbog zajedničke ekonomske koristi. Ali, ako vrijeme prolazi postojaće socijalne, političke i ideološke razlike i nesuglasice između njih. Pojaviće se različiti znakovi raspada. Konačno, religiozni konflikti će izaći u otvorenoj raspravi između katolicizma i protestanata.

Danilo 2:33 kaže: „a stopala koje od gvožđa koje od zemlje." To znači da su deset prstiju napravljeni od gvožđa a ostali od gline. Deset prstiju se ne odnosi na „10 zemalja EU." Ovo se odnosi na „Pet predstavnika zemalja koji vjeruju u katolicizam i drugih pet zemalja koji vjeruju u protestanizam."

Baš kao što gvožđe i glina ne mogu da se pomiješaju, zemlje u kojima je katolicizam dominantan i one u kojima su protestanti dominantni ne mogu biti u potpunosti ujedinjeni, znači da oni koji su dominantni i oni koji dominiraju, ne mogu biti izmešani.

Kako znakovi neslaganja u EU rastu, oni će osjetiti nevjerovatnu potrebu da se ujedine sa zemljama regiona i katolicizam dobija sve više snage u mnogim mjestima.

Prema tome, ekonomska korist Evropske Unije biće oblikovana u poslednjim danima i onda će rasti sa nevjerovatnom moći. Kasnije EU će ujediniti njenu religiju katolicizam i ujedinjenje EU će postati još veće i na kraju će EU izaći kao idol.

Idoli su predmeti kojima treba da se služi i koje ljudi poštuju. U ovom smislu, EU će povesti svijet naprijed sa velikom moći i vladaće nad svijetom kao moćan idol.

Treći svjetski rat i ujedinjenje Evrope

Kao što je gore rečeno, kada naš Gospod dođe ponovo u vazduhu na kraju vremena svijeta, brojni vjernici će biti uzdignuti u vazduh a istovremeno će se desiti i veliki haos na zemlji. U međuvremenu EU će preuzeti moć i dominiraće nad svijetom u ime održavanja mira i reda na cijelom svijetu za kratko vrijeme, ali kasnije će se EU suprotstaviti Bogu u povešće u Sedmogodišnje veliko stradanje.

Kasnije, članice EU će se razdvojiti jer će prvenstveno tražiti svoju sopstvenu korist. Ovo će se dogoditi u sredini Sedmogodišnjeg velikog stradanja. Početak Sedmogodišnjeg velikog stradanja, kao što je prorokovano u 12. Poglavlju knjige Danila, će se dogoditi u skladu sa tokom istorije Izraela i istorije svijeta.

Baš kada Sedmogodišnje veliko stradanje započne, EU će steći nevjerovatnu moć i snagu. Oni će odabrati jednog predsednika Unije. To će se dogoditi baš tada kada oni koji su prihvatili Isusa Hrista kao njihovog Spasitelja dobiju pravo da postanu Božja djeca, smjesta će da se transformišu i izdignu se na nebo na Gospodov Drugi Dolazak u vazduhu.

Većina Jevreja koji ne prime Isusa kao Spasitelja će ostati na zemlji i patiće u Sedmogodišnjem velikom stradanju. Misterija i horor velikog Stradanja biće ogromna van zamisli. Zemlja će biti puna velikih srcecepajućih stvari uključujući ratove, ubistva, pogubljenja, gladovanja, bolesti i bede mnogo više od bilo čega u istoriji čovječanstva.

Početak Sedmogodišnjeg velikog stradanja biće signaliziran u Izraelu sa ratom koji će početi između Izraela i Srednjeg Istoka. Velika napetost je dugo trajala između Izraela i ostatka srednjeg Istoka i graničnih sukoba koji nikada nisu prestajali. U budućnosti ova borba će biti još gora. Ozbiljan rat će nastati zato što će se svjetske sile miješati u poslove sa naftom. Oni će se svađati jedni sa drugima da bi stekli veće znanje i da bi imali prednost u međunarodnim odnosima.

Sjedinjene Američke Države koje su bile tradicionalni saveznik sa Izraelom veoma dugo će podržati Izrael. Evropska Unija, Kina i Rusija, koje su protiv Sjedinjenih Država, će se sjediniti sa Srednjim Istokom i onda će Treći Svjetski Rat izbiti između obe strane.

Treći Svjetski Rat će po svom obimu biti totalno drugačiji od Drugog Svjetskog Rata. U Drugom Svjetskom Ratu je više od 50 miliona ljudi bilo ubijeno ili je umrlo kao rezultat tog rata. Sada moć modernog oružja uključujući nuklearno oružje, hemijsko i biološko oružje i mnogo drugih ne može da se uporedi sa onim iz Drugog Svjetskog Rata i ishod njegovog korišćenja će biti nevjerovatno užasan.

Sve vrste oružja uključujući nuklearne bombe i različita dotadašnja oružja koja su do tada izmišljena biće nemilosrdno korišćena i nevjerovatna uništenja i pokolji će se dogoditi. Zemlje koje će voditi rat biće potpuno uništene i osiromašene.

To neće biti kraj rata. Nuklearne eksplozije će pratiti radijacija, radioaktivno zagađenje, ozbiljne vremenske promjene i nesreća će prekriti cijeli svijet. Kao rezultat, cijela zemlja kao i one koje vode rat će biti u paklu na zemlji.

U sredini, oni će prestati u napadima sa nuklearnim oružjem zato što ako se to oružje koristi više, može da preti opstanku cijelog čovječanstva. Ali svo drugo oružje i velika jačina neprijatelja će požurivati rat. Sjedinjene Države. Kina i Rusija neće uspijeti da se povrate.

Većina zemalja svijeta će biti skoro uništene ali EU će pobjeći od najrazornije štete. EU obećava Kini i Rusiji podršku, ali za vrijeme rata EU neće aktivno učestvovati u borbi tako da neće pretrpjeti velike gubitke kao drugi.

Kada velike svjetske sile uključujući i Sjedinjene Američke države, propate u velikim gubicima moći u vihoru nečuvenog ratovanja, EU će postati jedina najmoćnija zajednica i vladaće nad svijetom. Najprije EU će prosto gledati napredovanje rata i kada druge zemlje budu potpuno uništene ekonomski i vojno, onda će EU izaći i počeće sa razrješavanjem rata. Druge zemlje neće imati izbora nego da prate odluke EU zato što će izgubiti svu moć.

Od ovog momenta pa nadalje, druga polovina Sedmogodišnjeg velikog stradanja će početi i narednih tri i po godina, antihrist, koji je vladalac EU će kontrolisati cio svijet i sebe će proglasiti svecem. I antihrist će mučiti i proganjati one koji mu se suprotstave.

Prava priroda antihrista je otkrivena

U ranijoj fazi III Svjetskog Rata nekoliko zemalja će pretrpjeti velike gubitke zbog rata i EU će im obećati podršku kroz Kinu i Rusiju. Izrael će biti žrtvovan kao glavni centar rata i u to vrijeme EU će obećati da će izgraditi Sveti hram za kojim je Izrael toliko žudio. Sa ovim smirenjem od EU, Izrael će da sanja o oživljavanju slave u kojoj su uživali u blagoslovima Božjim mnogo godina ranije. Kao rezultat toga oni će takođe biti u savezu sa EU.

Zbog njegove podrške Izraelu, EU će biti smatrana kao spasitelj Jevreja. Produženi rat na Bliskom Istoku će izgledati da se bliži kraju i oni će ponovo obnoviti Svetu zemlju i napraviće Sveti hram Božji. Oni će vjerovati da Mesija i njihov kralj, na koga su toliko dugo čekali, je konačno došao i potpuno obnovio Izrael i slaviće ga.

Ali njihova očekivanja i radost će uskoro pasti na zemlju. Kada se Sveti hram obnovi u Jerusalimu, nešto neočekivano će se dogoditi. Ovo je prorokovano kroz knjigu Danila.

I utvrdiće zavjet s mnogima za nedelju dana, a u polovinu nedelje ukinuće žrtvu i prinos; i krilima mrskim, koja pustoše, do svršetka određenog izliće se na pustoš (Danilo 9:27).

I vojska će stajati uza nj, i oskvrniće svetinju u gradu, i ukinuti žrtvu svagdašnju I postaviće gnusobu pustošnu (Danilo 11:31).

A od vremena kad se ukine žrtva vazdašnja i postavi gnusoba pustošna, biće hiljadu i dvjesta i devedeset dana (Danilo 12:11).

Svi ovi stihovi ukazuju na jednu činjenicu koja im je zajednička. Ovo je istinit događaj koji će se desiti na kraju vijekova i Isus je takođe govorio o kraju vijekova u ovom stihu.

On je rekao u Jevanđelju po Mateji 24:15-16: *„Kad dakle ugledate mrzost opustošenja, o kojoj govori prorok Danilo, gdje stoji na mjestu svetom (koji čita da razumije), tada koji budu u Judeji neka bježe u gore."*

Prvo će Jevreji vjerovati da je EU obnovila Sveti hram Božji u Svetoj zemlji koju su oni smatrali svetom ali kada odvratnost stoji na svetom mjestu, oni će biti šokirani i shvatiće da je tadašnja njihova vjera bila pogriješna. Oni će priznati da su oni okrenuli svoj pogled od Isusa Hrista i da On jeste Njihov Mesija i Spasitelj čovječanstva.

Ovo je pravi razlog zbog koga Izrael treba sada da se probudi. Ukoliko se Izrael sada ne probudi, oni neće moći da shvate istinu u dogledno vrijeme. Izrael će shvatiti istinu mnogo kasno i to će biti neminovno.

Tako da ja revnosno želim za vas, da se probudite kako vi ne bi pali u zamke antihrista i ne bi dobili oznaku zvijeri. Ako ste prevareni nežnim i primamljivim riječima od strane antihrista koji vam obećava mir i napredak i dobijete oznaku zvijeri „666," vi ćete biti primorani da padnete na put neopozive i vječne smrti.

Ono što je još jadnije je to da samo kada identitet zvijeri bude otkriven, kao što je prorokovao Danilo, mnogi Jevreji će shvatiti da je centar njihove vjere bio pogriješan. Kroz ovu knjigu, ja želim da vi hoćete da prihvatite Mesiju već poslatog od Boga i da izbjegnete pad u Sedmogodišnje veliko stradanje.

Zbog toga, kao što sam već napomenuo gore, vi morate da prihvatite Isusa Hrista i da posjedujete vjeru koja je pravilna iz pogleda Božjeg. To je jedini način za vas da pobjegnete od Sedmogodišnjeg velikog stradanja.

Kakva šteta ako ne uspijete da se uzdignete na nebo i budete ostavljeni dole na zemlji za vrijeme Drugog Dolaska Gospoda! Ali srećom, naći ćete poslednju šansu za vaše spasenje.

Ja se iskreno molim sa vama da odmah prihvatite Isusa Hrista, da živite u zajednici sa braćom i sestrama u Hristu. Ali čak ni sada nije kasno za vas da naučite kroz Bibliju i ovu knjigu kako ćete moći da održite vašu vjeru u predstojećem Velikom stradanju i da nađete put koji je Bog pripremio za poslednju priliku u vašem spasenju i budete vođeni pravim putem.

Neiscrpna ljubav Božja

Bog je ispunio Njegovo proviđenje za ljudsku kultivaciju kroz Isusa Hrista i bez obzira na rasu ili naciju, svako ko prihvati Isusa kao svog Spasitelja i čini volju Božju, Bog ga stvara kao Božje dijete i dozvoljava mu da uživa u vječnom životu.

Ali šta će se dogoditi sa Izraelom i njegovim narodom? Mnogi od njih nisu prihvatili Isusa Hrista i ostali su mnogo daleko od puta spasenja. Kakva je to velika šteta što oni neće uspijeti da razumiju put spasenja kroz Isusa sve dok Gospod ne dođe ponovo u vazduhu i spašena Božja djeca će biti uzdignuta sa zemlje u vazduh!

Šta će onda postati Božji odabrani Izrael? Da li će oni biti isključeni iz parade za spašenu Božju djecu? Bog ljubavi je pripremio Njegov nevjerovatan plan za Izrael u poslednjim momentima čovječanstva.

Bog nije čovjek da laže, ni sin čovječji da se pokaje. Šta kaže neće li učiniti, i šta reče neće li izvršiti? Gle, primih da blagoslovim; jer je On blagoslovio, a ja neću poreći (Brojevi 23:19).

Koje je poslednje proviđenje koje je Bog isplanirao za Izrael na kraju vijekova? Bog je pripremio put „pabirčenog spasenja" za Njegov odabrani Izrael kako bi oni mogli da uđu u spasenje shvatajući da Isus koga su oni razapeli jeste pravi Mesija kome su se oni toliko dugo radovali i temeljno se pokajali od njihovih grijehova ispred Boga.

Pabirčeno spasenje

Za vrijeme Sedmogodišnjeg velikog stradanja, zato što su bili svjedoci kada su se mnogi ljudi uzdigli na nebo i saznali za istinu, neki ljudi koji će biti ostavljeni na zemlji će vjerovati i prihvatiće u njihovim srcima činjenicu da nebo i pakao zaista postoji, da je Bog živ i da Isus Hrist jeste naš jedini Spasitelj. Šta više, oni će pokušavati da ne dobiju oznaku zvjeri. Posle Oduševljenja oni će u sebi biti transformisani, čitaće riječ Božju zapisanu u Bibliji, dolaziće zajedno i držaće službe bogosluženja i pokušaće da žive po riječi Božjoj.

U ranoj fazi Velikog stradanja mnogi ljudi će moći da vode religiozan život i čak će evangelizovati druge zato što tada još neće postojati organizovano proganjanje. Oni neće dobiti oznaku zvjeri zato što će već znati da ne mogu da dobiju spasenje sa oznakom i daće ono najbolje iz sebe da vode život koji je vredan da bi dobili spasenje čak i za vrijeme Velikog stradanja. Ali njima će biti veoma teško da održe njihovu vjeru zato što je Sveti Duh napustio svijet.

Mnogi od njih će proliti mnogo suza jer neće imati nikoga

ko će voditi službe bogosluženja i ko će im pomoći da povećaju njihovu vjeru. Oni će morati da održe njihovu vjeru bez Božje zaštite i snage. Oni će tugovati jer će morati da žale zato što nisu pratili učenje riječi Božje iako im je bilo savjetovano da prihvate Isusa Hrista i da vode predan život u vjerovanju. Oni će morati da zadrže njihovu vjeru u svim vrstama iskušenja i proganjanjima na ovom svijetu u kojem će oni imati poteškoće u nalaženju prave riječi Božje.

Neki od njih će se kriti u dubinama dalekih planina da ne bi dobili oznaku zvijeri „666." Oni će morati da tragaju za korenjem ili biljkama i da ubijaju životinje zbog hrane zato što ne mogu ništa da kupe ili da prodaju da bi dobili hranu bez oznake zvijeri. Ali za vrijeme druge polovine Velikog stradanja, poslije tri i po godine, vojska antihrista će striktno i pažljivo juriti vjernike. Neće biti važno u kojim će se dalekim planinama sakrivati ali će biti razotkriveni i odvedeni od strane vojske.

Vlada zvijeri će pokupiti one koji nisu dobili oznaku zvijeri i prisiliće ih da se odreknu Gospoda i da dobiju oznaku kroz teško mučenje. Na kraju, mnogi od njih će se predati i neće imati izbora osim da prihvate oznaku zbog nanešenog nevjerovatnog bola i užasa.

Vojska će da ih obesi gole po zidovima i burgijom će bušiti njihova tijela. Oni će odrati kožu sa cijelog tijela od glave do pete. Oni će mučiti njihovu djecu ispred njihovih očiju. Mučenja koja će vojska primenjivati na njima su izuzetno okrutna tako da će biti zaista teško za njih da umru mučeničkom smrću.

Zbog toga će samo mali broj njih koji su prevazišli sva mučenja sa jakom voljom i nadmašili granice ljudske snage i umrli mučeničkom smrću, moći da dobiju spasenje i dohvate nebo. Prema tome, neki ljudi će biti spašeni zbog istrajanja u njihovoj vjeri bez da su izdali Gospoda i žrtvovali su svoje živote u mučeništvu pod kontrolom antihrista za vrijeme Velikog stradanja. Ovo je nazvano „pabirčeno spasenje."

Bog ima duboke tajne koje je On pripremio za pabirčeno spasenje Božjeg odabranog Izraela. To su dva svjedoka i mjesto, Petra.

Pojavljivanje dvojice svještenika i svjedoka

Otkrivenje Jovanovo 11:3 govori: *„I daću dvojici svojih svjedoka, i proricaće hiljadu i dvjesta i šezdeset dana obučeni u vreće."* Dvojica svjedoka su stvarni ljudi koje je Bog namijenio u Njegovom planu prije vijekova da spasu Njegov odabrani Izrael. Oni će svjedočiti Jevrejima u Izraelu da je Isus Hrist jedan i jedini Mesija koji je bio prorokovan u Starom Zavjetu.

Bog mi je govorio o dvojici svjedoka. On je objasnio za njih da oni nisu stari, oni hodaju u pravednosti i imaju pravedna srca. On mi je dozvolio da znam koju vrsta priznanja je jedan od dvojice dao ispred Boga. Njegovo priznanje govori da je on vjerovao u Judaizam ali je čuo da većina ljudi vjeruje u Isusa Hrista kao u Spasitelja i govori o Njemu. Tako da, on se molio Bogu da mu pomogne da razazna šta je ispravno i istinito, rekavši:

„Oh, Bože!

Koja je ovo nevolja u mom srcu?
Vjerujem da su sve stvari istina
koje sam čuo od mojih roditelja i koje su izgovorili
Još dok sam bio mlad,
ali koje su to nevolje i pitanja u mom srcu?

Mnogi ljudi govore i razgovaraju o Mesiji.

Ali samo kada bi neko mogao da mi pokaže
sa jasnim i čistim dokazom
da li je ispravno da im vjerujem
ili da vjerujem samo onome što sam čuo dok sam bio mlad,
ja ću biti radostan i zahvalan.

Ali ja ne mogu da vidim ništa,
i da pratim ono što ti ljudi govore,
ja moram da poštujem sve beznačajne stvari i ludosti
koje sam održavao dok sam bio mlad.
Šta je zaista pravedno u Tvom pogledu?

Oče Bože!
Ako Ti želiš,
pokaži mi osobu

koja može da učvrsti sve i razumije sve.
Dozvoli da dođe ispred mene i nauči me svemu
šta je zaista dragocijeno i šta je prava istina.

Kako pogledam gore u nebo,
imam ovaj osjećaj nevolje u mom srcu,
i ako neko može da riješi taj problem,
molim te pokaži mi ga.

Ja ne mogu da izdam svoje srce u stvarima u koje sam vjerovao,
   i kako sam sve razmotrio sve ove stvari,
   ako postoji neko ko će me naučiti i pokazati mi to,
   samo kada bi mi pokazao šta je istina,
   onda to neće biti kao da sam izdao sve stvari
   koje sam naučio i vidio.

Prema tome, Oče Bože!
Molim te pokaži mi.

Daj mi razumijevanje u svim ovim stvarima.

ja sam zbunjen u mnogim stvarima.
ja vjerujem da sve stvari koje sam čuo do sada su istinite.

Ali kako sam razmatrao o njima iznova i iznova,
imam mnogo pitanja i moja žeđ nije utonula.

Zašto je to tako?

Prema tome, samo kada bi mogao da vidim sve te stvari
mogao bi da budem siguran u njih
samo kada bi bio siguran da to nije izdaja
protiv puta kojim sam hodao do sada;
samo kada bi vidio šta je zapravo istina;
samo kada bih spoznao sve stvari
razmišljao sam o tome,
onda, ja ću moći da sakupim mir u svom srcu."

Dvojica svjedoka, koji su Jevreji, su duboko tražili čistu istinu i Bog će im odgovoriti i poslati im Božjeg čovjeka. Kroz čovjeka od Boga oni će shvatiti proviđenje Božje ljudske kultivacije i prihvatiće Isusa Hrista. Oni će ostati na zemlji za vrijeme Sedmogodišnjeg velikog stradanja i vršiće službu za pokajanje i spasenje Izraela. Oni će dobiti posebnu moć Božju i svjedočiće Izraelu o Isusu Hristu.

Oni će izaći potpuno posvećeni iz pogleda Božjeg i radiće svoje bogosluženje 42. mjeseca kao što je zapisano u knjizi Otkrivenja Jovanovog 11:2. Razlog zbog koga su dvojica svjedoka došla iz Izraela je zato što je početak i kraj Jevanđelja Izrael. Jevanđelje je bilo rašireno po svijetu sa Apostolom Pavlom i sada ako jevanđelje ponovo stigne do Izraela, što je njeno početno mjesto, onda će djela Jevanđelja biti završena.

Isus govori u Djelima Apostolskim 1:8: *„ Vi ćete primiti silu* *kad siđe Duh Sveti na vas; i bićete Moji svjedoci i u Jerusalimu i po svoj Judeji i Samariji i čak do najdaljih dijelova zemlje."* „Najdalji dijelovi zemlje" se ovde odnose na Izrael koji je konačna destinacija jevanđelja.

Dvojica svjedoka će propovijedati poruku sa krsta Jevrejima i objašnjavaće im o putu spasenja sa revnosnom moći Božjom. I oni ći izvoditi nevjerovatna čuda i izvanredne znakove potvrđujući poruku. Oni će imati moć da zatvore nebo, kako kiša ne bi pala za vrijeme dana njihovog propovijedanja; i imaće vlast nad vodama da je pretvore u krv i da udare zemlju sa svakom mukom onoliko često koliko to žele.

Kroz ovo mnogi Jevreji će se vratiti Gospodu, ali u isto vrijeme neki drugi će biti uhvaćeni u svojoj savjesti i pokušaće da ubiju dvojicu svjedoka. Ne samo ovi Jevreji, ali i mnogo slabih ljudi u drugim zemljama pod kontrolom antihrista će silno mrzeti dvojicu svjedoka i pokušaće da ih ubiju.

Dvojica svjedoče mučenju i vaskrsenju

Moć koju dvojica svjedoka imaju je tako velika da se niko neće usuditi da im naudi. Na kraju vlasti nacije će učestvovati u njihovom ubijanju. Ali razlog zbog koga će dvojica svjedoka biti stavljeni u smrt nije zbog vlasti nacije već zato što je to volja Božja za njih da budu mučeni u određeno vrijeme. Mjesto gdje će oni biti mučeni je nijedno drugo osim mjesta Isusovog razapeća i to podrazumijeva njihovo vaskrsenje.

Kada je Isus bio razapet, rimski vojnici su stražarili nad Njegovom grobnicom kako niko ne bi mogao da uzme Njegovo tijelo. Ali Njegovo tijelo kasnije nije bilo viđeno zato što je On vaskrso. Ljudi koji će da stave ovu dvojicu svjedoka će se sjetiti ovoga i biće zabrinuti da će neko uzeti njihova tijela. Tako da, oni neće dozvoliti da njihova tijela budu sahranjena u grobnici već će položiti njihova tijela na ulici kako bi svi ljudi na svijetu mogli da vide njihova mrtva tijela. Iz ovog pogleda, oni slabi ljudi koji su bili uhvaćeni u njihovoj savjesti zbog Jevanđelja koje su propovjedala dvojica svjedoka će se uveliko radovati nad njihovoj smrti.

Cio svijet će se radovati i slaviće i masovni mediji će prenositi vijest o njihovoj smrti svijetu kroz satelit tri i po dana. Nakon tri i po dana vaskrsenje dvojice svjedoka će se dogoditi. Oni će oživeti ponovo, ustaće i uzdignuće se gore na nebo na oblaku slave baš kao što je i Ilija bio u vihoru odveden na nebo. Ova veličanstvena scena će se raširiti po cijelom svijetu i mnogi ljudi će je gledati.

U tom satu biće veliki zemljotres i deseti dio grada će pasti i sedam hiljada ljudi će biti ubijeno u zemljotresu. Otkrivenje Jovanovo 11:3-13 opisuje ovo do detalja kao što sledi.

> *I daću dvojici svojih svjedoka, i proricaće hiljadu i dvjesta i šezdeset dana obučeni u vreće. Ovi su dvije masline i dva žiška što stoje pred Gospodarem zemaljskim. I ako im ko nepravdu učini, oganj izlazi iz usta njihovih, i poješće neprijatelje njihove; i ko*

bude hteo da im učini nažao onaj valja da bude ubijen. I ovi će imati vlast da zatvore nebo, da ne padne dažd na zemlju u dane njihovog proricanja; i imaće vlast nad vodama da ih pretvaraju u krv, i da udare zemlju svakom mukom, kadgod budu htjeli. I kad svrše svjedočanstvo svoje, onda će zvjer što izlazi iz bezdana učiniti s njima rat, i pobjediće ih i ubiće ih. I tjelesa njihova ostaviće na ulici grada velikog, koji se duhovno zove Sodom i Misir, gdje i Gospod naš razapet bi. I gledaće neki od naroda i plemena i jezika i kolena tjelesa njihova tri dana i po, i neće dati da se njihova tjelesa metnu u grobove. I koji žive na zemlji, obradovaće se i razveseliće se za njih, i slaće dare jedan drugom, jer ova dva proroka mučiše one što žive na zemlji. I poslije tri dana i po duh života od Boga uđe u njih; i staše oba na noge svoje, i strah veliki napade na one koji ih gledahu. I čuše glas veliki s neba, koji im govori: „Iziđite amo." I iziđoše na nebo na oblacima, i vidješe ih neprijatelji njihovi. I u taj čas zatrese se zemlja vrlo, i deseti dio grada pade, i tresenje zemlje pobi sedam hiljada imena čovječijih; i ostali se uplašiše, i daše slavu Bogu nebeskom (Otkrivenje Jovanovo 11:3-13).

Bez obzira na to koliko će biti tvrdoglavi, ako imaju i najmanju dobrotu u svojim srcima, oni će shvatiti da su veliki zemljotres i vaskrsenje i uzdizanje na nebo dvojice svjedoka djela

Božja i davaće slavu Bogu. I oni će biti primorani da prihvate činjenicu da je Isus vaskrso uz moć Božju prije oko 2000. godina. Bez obzira na sve ove pojave, neki zli ljudi neće davati slavu Bogu.

Ja naređujem svima vama da prihvatite ljubav Božju. Sve do poslednjeg momenta, Bog želi da vas spase i želi da vi slušate dvojicu svjedoka. Dvojica svjedoka će svjedočiti sa velikom moći Božjom koja je došla od Boga. Oni će probuditi mnoge ljude u pogledu na Božju ljubav i volju za njih. I oni će vas voditi da zgrabite poslednju priliku za spasenje.

Ja vam revnosno tražim da ne stojite pored neprijatelja koji pripada đavolu koji će vas odvesti na put uništenja, već da slušate dvojicu svjedoka i dostignete spasenje.

Petra, utočište za Jevreje

Druga tajna koju je Bog namjenio za Njegov odabrani Izrael je Petra, utočište za vrijeme Sedmogodišnjeg velikog stradanja. Isaija 16:1-4 objašnjava o ovom mjestu nazvanom Petra.

> *Šaljite jaganjce gospodaru zemaljskom, od Sele do pustinje, ka gori kćeri sionske. Jer će biti kćeri moavske na brodovima arnonskim kao ptica koja luta, otjerana s gnezda. Učini veće, narode, načini sen u podne kao noć, zakloni izagnane, nemoj izdati*

begunce. Neka kod tebe borave izgnani moji, Moave; budi im zaklon od pustošnika. Jer će nestati nasilnika, prestaće pustošenje, istrebiće se sa zemlje koji gaze druge.

Zemlja Moava se odnosi na zemlju Jordana istočnu stranu Izraela. Petra je arheološko mjesto u jugo-zapadnom Jordanu, leži na obroncima planine Or koju čine istočni bok Arava (potok Arava), u prostranoj kotlini koja počinje iz Mrtvog mora pa do zaliva Akaba. Petra je obično prepoznatljiva sa Selom što takođe znači kamen, sa Biblijskim preporukama u 2. Knjiga Kraljevima 14: 7 i Isaija 16:1.

Nakon što Gospod dođe ponovo u vazduhu, On će prihvatiti spašene ljude i uživaće u Sedmogodišnjem svadbenom banketu i onda će On doći na zemlju zajedno sa njima i vladaće nad svijetom za vreme Milenijuma. Za sedam godina, od Gospodovog Drugog Dolaska u vazduhu i Oduševljenje sve do Njegovog dolaska na zemlju, Veliko stradanje će pokoriti zemlju i za tri i po godine za vrijeme druge polovine Velikog stradanja- za 1.260. dana, ljudi Izraela će se sakriti na mjesto koje je pripremljeno u skladu sa planom Božjim. Mjesto za skrivanje je Petra (Otkrivenje Jovanovo 12:6-14).

Zašto će onda biti potrebno mjesto Jevrejima za skrivanje?

Nakon što je Bog izabrao ljude Izraela, Izrael je bio napadan i proganjan od brojnih ne jevrejskih nacija. Razlog je taj da je đavo koji se uvijek protivio Bogu pokušavao da spriječi Izrael od primanja blagoslova Božjih. Isto će se dogoditi za vrijeme kraja svijeta.

Kada Jevreji shvate kroz Sedmogodišnje veliko stradanje da je njihov Mesija i Spasitelj Isus, koji je došao na zemlju prije 2000. godina, i kada pokušaju da se pokaju, đavo će ih proganjati do kraja kako bi ih spriječio u održavanju njihove vjere.

Bog, koji zna sve, je pripremio mjesto za skrivanje za Njegov odabrani Izrael, kroz koje demonstrira Njegovu ljubav za njih i ne štedi Njegovu promišljenu ljubav prema njima. U skladu sa ovom ljubavlju i planom Božjim, Izrael će ući u Petru da bi pobjegao od uništenja.

Baš kao na način na koji je Isu rekao u Jevanđelju po Mateju 24:16: *„Tada koji budu u Judeji neka bježe u gore,"* Jevreji će moći da pobjegnu od Sedmogodišnjeg Velikog Stradanja u skriveno mjesto u planinama, i održaće svoju vjeru da bi tamo dostigli spasenje.

Kada je anđeo smrti uništio svu novorođenčad Egipta, Jevreji su se sastajali brzo jedni sa drugima na ulici i pobjegli su od iste kuge tako što su stavljali krv jagnjeta na oba okvira od vrata i na grede njihovih kuća.

Na isti način, Jevreji će se sastajati jedni sa drugima tako brzo o tome gdje da idu i da se sklone na mjesto za skrivanje prije nego što vlada antihrista počne da ih hapsi. Oni će znati za Petru zato što su mnogi evangelisti stalno svjedočili o mjestu za skrivanje i čak i oni koji nisu vjerovali će promijeniti mišljenje i tražiće mjesto za skrivanje.

Ovo mjesto za skrivanje neće biti u mogućnosti da prihvati mnogo ljudi. U stvari, mnogi ljudi koji su se pokajali kroz dvojicu svjedoka neće uspijeti da se sakriju u Petri i održaće svoju vjeru za vrijeme Velikog stradanja i onda će umrijeti kao mučenici.

Ljubav prema Bogu kroz dva svjedoka i Petra

Draga braćo i sestre, da li ste izgubili šansu za spasenje kroz Oduševljenje? Onda, ne ustežite se da idete u Petru, poslednju šansu za vaše spasenje datu po milosti Božjoj. Uskoro će užasne katastrofe od strane antihrista. Vi morate da sakrijete sebe u Petri prije nego što vrata poslednje milosti ne zatvori i spriječi antihristov udarac.

Pa, da li ste uspijeli da dobijete priliku za ulazak u Petru? Onda, jedini način da dostignete spasenje i da uđete na nebo je da se ne odreknete Gospoda i da ne dobijete oznaku zvijeri „666." Vi morate da prevaziđete sve vrste užasnog mučenja i da umrijete mučeničkom smrću. To nije nimalo lako ali morate to da uradite da bi pobjegli od večitih mučenja u gorećem jezeru.

Ja vam iskreno želim da se ne okrenete od puta spasenja sa sjećanjem na neiscrpnu ljubav Božju svo vrijeme i da smjelo sve prevaziđete. Dok se vi opirete i borite protiv svih vrsta iskušenja i progona koje će vam antihrist nanijeti, mi braća i sestre u vjeri ćemo se iskreno moliti za vaš trijumf.

Ali naša iskrena želja za vas je da prihvatite Isusa Hrista prije nego što se sve stvari dogode i da budete uzdignuti na nebo zajedno sa nama i da uđete na Svadbeni Banket kada naš Gospod dođe ponovo. Mi se neprestano molimo sa suzama ljubavi da će se Bog sjetiti djela vjere vaših očeva i sporazuma koje je On napravio sa njima i da će vam dati opet veliku milost u spasenju.

U Njegovoj velikoj ljubavi Bog je pripremio dvojicu svjedoka i Petru kako bi vi mogli da prihvatite Isusa Hrista kao Mesiju i Spasitelja i dostigli spasenje. Sve do poslednjeg momenta u istoriji čovječanstva ja vam naređujem da se sjećate neiscrpne ljubavi Božje koji nikada neće odustati od vas.

Prije nego što je poslao vama dvojicu svedoka u pripremanju dolazećeg Velikog stradanja, Bog ljubavi je poslao čovjeka Božjeg i dozvolio mu je da vam kaže šta će se dogoditi na kraju vremena svijeta i koji će da vas povede na put spasenja. Bog ne želi da jedan od vas ostane u sredini Sedmogodišnjeg velikog stradanja. Čak iako ostanete na zemlji posle Oduševljenja, On želi da se vi uhvatite i da se držite za poslednju nit do spasenja. To je velika ljubav Božja.

Neće još dugo ostati prije nego što počne Sedmogodišnje veliko stradanje. U tom stradanju neviđenom tokom cijele istorije čovječanstva, naš Bog će ispuniti Njegov milosni plan za tebe Izraele. Istorija čovječanstva će biti završena zajedno sa upotpunjavanjem istorije Izraela.

Pretpostavimo da će Jevreji razumijeti iskrenu volju Boga i

prihvatiti Isusa kao njihovog Spasitelja odmah sada. Onda, čak i ako istorija Izraela zapisana u Bibliji treba da bude ispravljena i napisana ponovo, Bog će to rado učiniti. To je zato što je Božja ljubav prema Izraelu van zamisli.

Ali mnogi Jevreji su išli, idu i ići će svojim sopstvenim putem sve dok se ne susretnu sa kritičnim trenutkom. Svemogući Bog koji zna sve šta će se dogoditi u budućnosti namjenio je poslednju priliku za vaše spasenje i vodi vas sa Njegovom neiscrpnom ljubavlju.

> *Evo, ja ću vam poslati Iliju proroka prije nego dođe veliki i strašni dan GOSPODNJI. I on će obratiti srce otaca k sinovima, i srce sinova k ocima njihovim, da ne dođem i zatrem zemlju* (Malahija 4:5-6).

Ja dajem zahvalnost i slavu Bogu koji vodi na put spasenja ne samo Izrael, Njegov odabir već takođe i sve ljude nacija sa Njegovom beskonačnom ljubavlju.

Autor:
Dr. Džerok Li

Dr. Džerok Li je rođen u Muanu, Džeonam provinciji, Republika Koreja, 1943. godine. U svojim dvadesetim, Dr. Li je sedam godina patio od mnoštva neizlječivih bolesti i iščekivao smrt bez nade za oporavak. Jednog dana u proljeće 1974. god, njegova sestra ga je odvela u crkvu i kad je kleknuo da se pomoli, Živi Bog ga je momentalno izlječio od svih bolesti.

Od trenutka kad je Dr. Li sreo živog Boga kroz to divno iskustvo, on je zavolio Boga svim svojim srcem i iskrenošću, a u 1978. god., je pozvan da bude sluga Božji. Molio se revnosno uz nebrojene molitve u postu kako bi mogao jasno da razumije volju Božju, u potpunosti je ispuni i posluša Riječ Božju. Godine1982. je osnovao Manmin centralnu crkvu u Seulu, Koreja i bezbrojna djela Božja uključujući čudesna isceljenja, znaci i čuda se dešavaju u njegovoj crkvi.

U 1986. god. Dr. Li je zaređen za pastora na godišnjem Zasedanju Isusove Sungkjul crkve Koreje, i četiri godine kasnije u 1990.god. njegove propovjedi su počele da se emituju u Australiji, Rusiji i na Filipinima. U kratkom vremenskom periodu i mnogim drugim zemljama je bio dostupan preko Radio difuzne kompanije Daleki Istok, Azija radio difuzne kompanije i Vašingtonskog hrišćanskog radio sistema.

Tri godine kasnije, 1993.god., Manmin centralna crkva je izabrana za jednu od „Svetskih top 50 crkava" od strane magazina Hrišćanski svijet (Christian World) a on je primio počasni doktorat bogoslovlja od Koledža hrišćanske vjere, Florida, SAD, i 1996.god. Doktorat iz Službe od Kingsvej teološke bogoslovije, Ajova, SAD.

Od 1993.god., dr. Li prednjači u svjetskoj evangelizaciji kroz mnogo inostranih pohoda u Tanzaniji, Argentini, Los Anđelesu, Baltimoru, Havajima i Nju Jorku u Sjedinjenim Američkim Državama, Ugandi, Japanu, Pakistanu, Keniji, Filipinima, Hondurasu, Indiji, Rusiji, Njemačkoj, Peruu, Demokratskoj Republici Kongo, Izraelu i Estoniji.

U 2002. godini bio je priznat kao „svjetski obnovitelj" zbog njegovih snažnih svješteničkih službi u mnogim prekomorskim pohodima od strane hrišćanskih novina u Koreji. Izvanredan je bio njegov „Njujorški pohod 2006. god" održan u Medison skver gardenu, najpoznatijoj svjetskoj areni. Događaj je emitovan za 220 nacije a na njegovom „Ujedinjenom pohodu u Izrael 2009. god" održanom i Međunarodnom konvencionalnom centru (International Convention Center (ICC)) u Jerusalimu on je hrabro izjavio da je Isus Mesija i Spasitelj.

Njegove propovjedi emitovane su za 176 nacija putem satelita uključujući GCN TV i bio je svrstan kao jedan od „Top 10 najuticajnijih hrišćanskih vođa" 2009-e i 2010-e godine od strane popularnog Ruskog hrišćanskog časopisa U pobjedu (In Victory) i novinske agencije Hrišćanski telegraf (Christian Telegraph) za njegovu moćnu svješteničku službu TV emitovanja i njegove inostrane crkveno pastorske službe.

Od Maja 2013.god., Manmin Centralna Crkva ima zajednicu od preko 120.000 članova. Postoji 10.000 ogranaka crkve širom planete uključujući 56 domaćih ogranaka crkve i do sad više od 129 misionara su opunomoćena u 23 zemlje, uključujući Sjedinjene Države, Rusiju, Njemačku, Kanadu, Japan, Kinu, Francusku, Indiju, Keniju i mnoge druge.

Do datuma ovog izdanja Dr. Li je napisao 85 knjiga, uključujući bestselere: Probanje *Vječnog života prije smrti, Moj život Moja vjera I & II, Poruka sa krsta, Mjera vjere, Nebo I & II, Pakao, Probudi se, Izraele!*, i *Moć Božja*. Njegove knjige su prevedene na više od 75 jezika.

Njegove Hrišćanski rubrike se pojavljuju u *Hankok Ilbo, JongAng dnevniku, Dong-A Ilbo, Munhva Ilbo, Seul Šinmunu, Kjunghjang Šinmun, Hankjoreh Šinmun, Korejski ekonomski dnevnik, Koreja glasnik, Šisa vijesti*, i *Hrišćanskoj štampi*.

Dr. Li je trenutno na čelu mnogih misionarskih organizacija i udruženja. Pozicije uključuju: Predsjedavajući, Ujedinjene svete crkve Isusa Hrista; predsjednik, Manmin svjetska misija; stalni predsednik, Udruženje svjetske hrišćanske preporodne službe; osnivač i predsjednik odbora, Globalna hrišćanska mreža (GCN); osnivač i član odbora, Mreža svjetskih hrišćanskih lekara (WCDN); i osnivač i član odbora, Manmin internacionalna bogoslovija (MIS).

Druge značajne knjige istog autora

Raj I & II

Detaljna skica predivne životne okoline u kojoj rajski stanovnici uživaju i preljepi opisi različitih nivoa nebeskih kraljevstva.

Poruka sa Krsta

Moćna probuđujuća poruka za sve ljude koji su duhovno uspavani! U ovoj knjizi naći ćete razlog da je Isus jedini Spasitelj i iskrenu ljubav Božju.

Pakao

Iskrena poruka cijelom čovječanstvu od Boga, koji želi da čak ni jedna duša ne padne u dubine Pakla! Otkrićete nikad do sad otkriveni iskaz o okrutnoj stvarnosti Nižeg Hada i Pakla.

Duh, Duša i Tijelo I & II

Vodič koji nam daje duhovno objašnjenje duha, duše i tijela i pomaže nam da pronađemo kakvog „sebe" smo mi načinili da bi mogli da dobijemo moć da pobjedimo mrak i postanemo duhovna osoba.

Mjera Vjere

Kakvo mjesto stanovanja, kruna i nagrade su spremne za vas u Raju? Ova knjiga obezbjeđuje mudrost i smjernice za vas da izmjerite vašu vjeru i gajite najbolju i najzreliju vjeru.

Probuđeni Izrael

Zašto Bog upire Svoje oči na Izrael od početka svijeta pa do današnjeg dana? Kakvo Njegovo proviđenje je spremljeno za Izrael u poslijednjim danima, koji očekuje Mesiju?

Moj život, Moja Vjera I & II

Najmirisnija duhovna aroma izvučena iz života koji je cvjetao sa neuporedivom ljubavlju za Boga, u sred crnih talasa, hladnih okova i najdubljeg očaja

---

Moć Božja

Obavezno-pročitati, koja služi kao suštinski vodič po kojem čovjek može posjedovati pravu vjeru i iskusiti čudesnu moć Božju.

---

www.urimbooks.com

www.ingramcontent.com/pod-product-compliance
Lightning Source LLC
LaVergne TN
LVHW041943070526
838199LV00051BA/2888